Junior High English

ゼロから始める！
大人のための中学英語

石崎 秀穂
Hideho Ishizaki

高橋書店

Prologue

「中学英語をサラッと学習できる本はないかな」
「英語が苦手。中学英語からやりなおしたい」
「通勤や通学などの空いた時間で勉強したい」

このように思っている人に向けて、本書を執筆しました。
以下が本書の特徴です。

- 本書を読めば、中学英語で重要なポイントをサラッと学習できます。
- 英文法を「図解」しているので「見て」理解できます。
- どれだけ素晴らしい内容の参考書でも最後まで読むことができないと意味がありません。本書は「見開きで1つの項目が勉強できる」など、最後までくじけず、勉強できる工夫を凝らしています。
- 本は読むだけでは意味がありません。内容を身につけることが大切です。本書で学習し終わったら「目次」を見てください。目次には例文があるので、日本語を英語にしたり、英語を日本語にしたりすることで、本書の内容を効率的に身につけられます。
- 練習問題があるので、きちんと理解できたのか確認できます。
- 復習テストも、本書で学習したポイントを効率的に復習できるようになっています。
- 本書は持ち運びに便利なので、隙間時間に勉強できます。

また、「もっと練習問題を解きたい」人に向けて、ウェブで練習問題（無料）を公開しています。あわせて学習されるとよいでしょう。

パソコン：http://www.ekaeru.com/takahashi/

本書が皆様の英語学習の一助になれば幸いです。

石崎秀穂

Contents

はじめに

Pre-LESSON 1	品詞	8
Pre-LESSON 2	文の要素	10

LESSON 1：be動詞 　　彼は忙しいです　He is busy. ……… 12
LESSON 2：一般動詞 　　彼は野球をする　He plays baseball. ……… 14
LESSON 3：助動詞❶ 　　私は車を運転することができる　I can drive a car. ……… 16
LESSON 4：助動詞❷ 　　彼女は病気かもしれない　She may be sick. ……… 18
LESSON 5：現在進行形 　　彼はテレビを見ている　He is watching TV. ……… 20
LESSON 6：過去形（一般動詞） 　　私は昨日彼の車を洗った
　　I washed his car yesterday. ……… 22
LESSON 7：過去形（be動詞） 　　彼は忙しかった　He was busy. ……… 24
LESSON 8：未来形 　　私は東京を訪れる予定です　I will visit Tokyo. ……… 26
LESSON 9：名詞 　　彼はコップ2杯の水を飲んだ
　　He drank two glasses of water. ……… 28
LESSON 10：形容詞 　　すこし質問があります　I have a few questions. ……… 30
LESSON 11：副詞 　　私はふつう7時にそこに行く
　　I usually go there at seven. ……… 32
LESSON 12：代名詞❶ 　　このカメラは彼女のものです　This camera is hers. ……… 34
LESSON 13：代名詞❷ 　　私のカバンは古い。新しいものが欲しい
　　My bag is old. I want a new one. ……… 36

復習テスト❶ ……… 38

LESSON 14：不定詞（名詞的用法） 　私は英語を勉強することが好きだ
　　I like to study English. ……… 40
LESSON 15：不定詞（形容詞的用法） 　私にはしないといけない仕事がある
　　I have work to do. ……… 42
LESSON 16：不定詞（副詞的用法） 　私は彼に会うために、そこに行った
　　I went there to meet him. ……… 44

LESSON	タイトル	例文	ページ
LESSON 17	不定詞(その他❶)	私が日本語を話すことは簡単です It is easy for me to speak Japanese.	46
LESSON 18	不定詞(その他❷)	彼は車を運転するには年をとりすぎています He is too old to drive a car.	48
LESSON 19	動名詞	私は英語を勉強することが好きだ I like studying English.	50
LESSON 20	不定詞と動名詞	彼は話すのをやめた　He stopped talking.	52
LESSON 21	比較(原級)	彼は私と同じくらい忙しい　He is as busy as I.	54
LESSON 22	比較(比較級)	私は彼より速く泳ぐことができる I can swim faster than he.	56
LESSON 23	比較(最上級)	私はクラスで最も背が高い I am the tallest in my class.	58
LESSON 24	能動態と受動態(日本語)	ボールは彼によって投げられた	60
LESSON 25	受動態❶	彼は彼女に好かれている　He is liked by her.	62
LESSON 26	受動態❷	山の頂上は雪で覆われていた The top of the mountain was covered with snow.	64
LESSON 27	現在完了形(完了・結果)	私は時計をなくしてしまった I have lost my watch.	66
LESSON 28	現在完了形(継続)	私は京都に10年間ずっと住んでいる I have lived in Kyoto for ten years.	68
LESSON 29	現在完了形(経験)	私は一度オーストラリアを訪れたことがある I have visited Australia once.	70
LESSON 30	現在分詞❶	テレビを見ている少年　the boy watching TV	72
LESSON 31	現在分詞❷	本を読んでいる少女はミカです The girl reading a book is Mika.	74
LESSON 32	過去分詞❶	ケンによって壊された窓 the window broken by Ken	76
LESSON 33	過去分詞❷	これは次郎によって書かれた手紙です This is the letter written by Jiro.	78
LESSON 34	関係代名詞(日本語)	これは私が昨日買った本です	80
LESSON 35	関係代名詞(主格)	歌を歌っている少女はマキです The girl who is singing a song is Maki.	82
LESSON 36	関係代名詞(目的格)	これは私がなくした時計です This is the watch which I lost.	84

Contents

LESSON 37：関係代名詞（まとめ） 彼女がパーティーで会った男性は私の叔父です
The man whom she met at the party is my uncle. ……… 86

復習テスト ❷ ……………………………………………………………………………… 88

LESSON 38：前置詞（時） 彼は7時までテレビを見た
He watched TV until seven. ……………………………… 90

LESSON 39：前置詞（場所・方向） 彼は公園で走っていた
He was running in the park. …………………………… 92

LESSON 40：文型（第1文型、第3文型） 私たちはこの計画について議論した
We discussed this plan. ………………………………… 94

LESSON 41：文型（第2文型） 彼女は幸せに見える　She looks happy. ……………………… 96

LESSON 42：文型（第4文型） 彼は私に新しいペンをくれた
He gave me a new pen. ………………………………… 98

LESSON 43：文型（第5文型） 彼女は私を幸せにした　She made me happy. …………… 100

LESSON 44：接続詞❶ 私が訪れたとき、彼女は英語を勉強していた
When I visited her, she was studying English. ……… 102

LESSON 45：接続詞❷ 彼はお金持ちだと思った
I thought that he was rich. …………………………… 104

LESSON 46：否定文（be動詞） これは私のカバンではありません
This is not my bag. …………………………………… 106

LESSON 47：否定文（一般動詞） 私は彼女の部屋を掃除しなかった
I did not clean her room. ……………………………… 108

LESSON 48：否定文（助動詞） 彼は日本語を話すことができない
He cannot speak Japanese. …………………………… 110

LESSON 49：否定文（現在完了形） 私はまだ仕事を終えていない
I have not finished the work yet. ……………………… 112

LESSON 50：疑問文（be動詞❶） ケンはあなたの兄弟ですか
はい、そうです／いいえ、違います
Is Ken your brother? Yes, he is. ／ No, he isn't. ……… 114

LESSON 51：疑問文（be動詞❷） 彼は彼女の部屋にいましたか
はい、いました／いいえ、いませんでした
Was he in her room?
Yes, he was. ／ No, he wasn't. ……………………… 116

LESSON 52：疑問文（一般動詞）	彼は学校に行きましたか はい、行きました／いいえ、行きませんでした Did he go to school? Yes, he did. ／ No, he did not.	118
LESSON 53：疑問文（助動詞）	窓を開けてもいいですか もちろん／いいえ、いけません May I open the window? Sure. ／ No, you may not.	120
LESSON 54：疑問文（現在完了形）	もう仕事を終えたのですか はい、終えました／いいえ、終えていません Have you finished the work yet? Yes, I have. ／ No, I haven't.	122
LESSON 55：命令文	ケン、彼女の部屋を掃除しなさい Clean her room, Ken.	124
LESSON 56：相手を誘う表現	音楽を聴きましょう　Let's listen to music.	126
LESSON 57：There is ○・There are ○	私のカバンには本が2冊あった There were two books in my bag.	128
LESSON 58：疑問詞❶	あなたは何を買いましたか。本を買いました What did you buy? I bought a book.	130
LESSON 59：疑問詞❷	あの少年は誰ですか。彼はマサです Who is that boy? He is Masa.	132
LESSON 60：疑問詞❸	誰がこのサラダを作りましたか。ジュンコです Who made this salad? Junko did.	134
LESSON 61：疑問詞❹	あなたはいつロンドンを訪れたのですか。去年です When did you visit London? I visited there last year.	136

復習テスト❸ ……………………………………………………… 138

付録
- 動詞の変化表 …………………………………………… 140
- 比較級・最上級 ………………………………………… 142
- 名詞の複数形、短縮形 ………………………………… 143

本文イラスト：高村あゆみ　本文デザイン：白畠かおり
編集協力：株式会社一校舎　DTP：田中小百合(osuzudesign)

Let's start!

※本書は中学校学習指導要領に完全対応するものではありません。また、英文と解説の一部に、高等学校での学習内容を含みます。

Pre-LESSON 1

中学英語の基礎知識
品詞

● **名詞**（⇒ 28ページ）

人や物などの名前を表す語を「名詞」といいます。

例　desk（机）、Taro（太郎）、family（家族）、peace（平和）

● **動詞**（⇒ 12、14ページ）

動作や状態を表す語を「動詞」といいます。

例　drive（運転する）、swim（泳ぐ）、know（知っている）

● **形容詞**（⇒ 30ページ）

名詞を修飾したり、補語（⇒ 11ページ）になったりする語を「形容詞」といいます。日本語では、よく「〜い」「〜しい」の形になっています。

例　red（赤い）、fast（速い）、warm（暖かい）、beautiful（美しい）

〈名詞を修飾（限定用法）〉

　　　　　　　　形容詞　名詞
　　　　　　a　red　car

（red（赤い）は、どのようなcar（車）なのかを説明）

〈補語になる（叙述用法）〉

　　　主語　　　　　　　　補語
　　　　　　　　　　　　形容詞
　That flower　is　beautiful　.
　　（あの花は）　　　　（美しい）

● 副詞（⇒32ページ）

名詞以外（動詞、形容詞、副詞など）を修飾する語を「副詞」といいます。

例 well（上手に）、very（とても）、usually（ふつう）

動詞　副詞
She sings well.

well（上手に）は、どのようにsing（歌う）かを説明

● その他の品詞

〈助動詞〉動詞の意味を補う語（⇒16、18ページ）。

例 can（〜することができる）、may（〜かもしれない）

〈代名詞〉名詞の代わりに使う語（⇒34、36ページ）。

例 she（彼女は）、him（彼を、彼に）、it（それは、それを）

〈前置詞〉名詞や代名詞の前に置かれる語（⇒90、92ページ）。

例 for（〜のために）、near（〜の近くに）

〈接続詞〉語と語、文と文をつなぐ語（⇒102、104ページ）。

例 and（〜と…、そして）、but（しかし）、when（〜のとき）

〈冠　詞〉名詞の前に置かれる語。

例 a、an、the

〈疑問詞〉「何」「いつ」など疑問文に用いられる語（⇒130〜137ページ）。疑問代名詞、疑問副詞などがある。

例 who（誰）、when（いつ）、what（何）、why（なぜ）

Pre-LESSON 2
中学英語の基礎知識
文の要素

● 主語 (S)

「～は」「～が」にあたる語を「主語」といいます。

　　　　　　　主語
　　　　　His father　is busy.
　　　　　（彼の父親は）

● (述語) 動詞 (V)

「どうする」にあたる語を「動詞」といいます。

　　　　　　動詞
　　　　I　play　the guitar.
　　　　　（弾く）

● 目的語 (O)

「～を」「～に」にあたる語を「目的語」といいます。

　　　　　　　　　目的語
　　　　He has　a book　.
　　　　　　　　（本を）

● 補語（C）

　主語や目的語の状態を表す語を「補語」といいます。わかりにくいので、当面は補語とは「主語」と「です」にはさまれている言葉、と覚えておくといいでしょう。

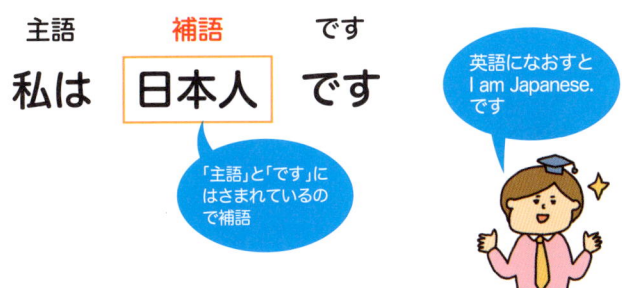

●「品詞」と「文の要素」の関係

　主語（S）・目的語（O）には名詞や代名詞などが、補語（C）には名詞や形容詞などが、それぞれきます。英文法を理解するには、このように「品詞」と「文の要素」の関係を把握しておく必要があります。

　なお助動詞は、動詞とセットで考えます。

LESSON 1　be動詞

彼は忙しいです
He is busy.

Point!
「●は▲です」は「● be ▲」

　「●は▲です」の文は、英語では「● be ▲」と表します。ただし、beは、●に応じてその形が変わります。たとえば例文では、●は「He（彼は）」なので、beを「is」に変えています。

　なお、●は主語、▲は補語、beはbe動詞といいます（⇒10、11ページ）。文の要素を理解して、使いこなせるようにしておきましょう。

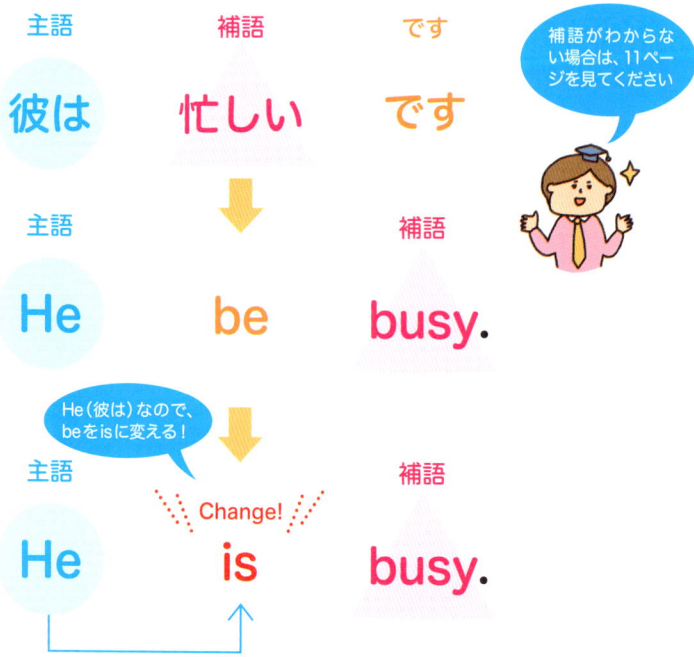

12

Check!
be動詞の変化表はしっかり覚えよう

どの（主語）のとき、どの形のbe動詞を使うかは、覚えておくしかありません。表にまとめたので、しっかり覚えておきましょう。

主語	be動詞
I （私は）	am
He （彼は）／ She （彼女は）／ It （それは）／ This （これは）／ That （あれは）	is
You （あなたは、あなたたちは）／ We （私たちは）／ They （彼らは、彼女らは、それらは）	are

be動詞には「●はいる」「●はある」の意味もある

be動詞は「●はいる」「●はある」となることもあります。たとえば、「He is in the library.」は、「彼は図書館にいる」となります。

He　is　in the library.

彼は　いる　図書館に

彼は図書館にいる

日本語を英語になおしなさい。

1　彼女は先生です　　　　　　（ヒント…先生：a teacher）
2　彼は東京にいる　　　　　　（ヒント…東京に：in Tokyo）

答え：1 She is a teacher.　2 He is in Tokyo.

LESSON 2 　一般動詞

彼は野球をする
He plays baseball.

Point!
英語の語順は「●は」「どうする」「▲を」

　日本語では「●は」「▲を」「どうする」の語順ですが、英語では「●は」「どうする」「▲を」の語順になります（⇒94ページ）。なお「●は〔が〕」は主語、「どうする」は動詞、「▲を〔に〕」は目的語といいます（⇒10ページ）。

	主語	目的語	動詞
日本語 ➡	私は	野球を	する
	〜は	〜を	どうする

	主語	動詞	目的語
英　語 ➡	I	play	baseball.
	〜は	どうする	〜を

三人称単数現在のとき、動詞にはsをつける

　英語では、三人称単数現在のとき、動詞に「s」をつける必要があります（⇒140ページ）。では、三人称単数現在とは、どういうことでしょうか。
　まず「現在」ですが、文章が現在の話を表しているということです。
「三人称単数」は、次ページの4つの場合を指します。

 三人称単数とは

❶ 主語が……He（彼は）
❷ 主語が……She（彼女は）
❸ 主語が……It（それは）
❹ 主語が……He、She、Itで言い換えられる言葉
　（❹の例）Hanako（花子は）→ She（彼女は）で言い換えられる

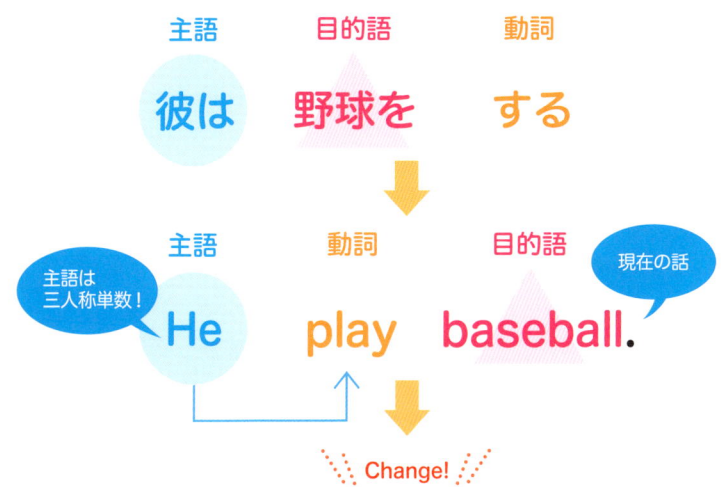

ココに注目！ Column

原形とは？

　日本語では、たとえば過去の話のとき、動詞の形を「走る（現在）」から「走った（過去）」のように変えます。英語でも、動詞は形がさまざま変わります。何も形が変わっていない状態を原形といいます。

LESSON 3　助動詞①

私は車を運転することができる
I can drive a car.

Point!
助動詞は動詞の「前」で、動詞とセットにする

　「運転する」に「ことができる」をつけ足すと、たんに「運転する」のではなく、運転する「能力がある」という意味になります。つまり「ことができる」は「運転する」という動詞に「能力がある」という意味を補います。
　このように、動詞の意味を補う言葉を助動詞といいます。
　助動詞は日本語の場合、動詞の「後」に加えますが、英語では動詞の「前」に持ってきます。

		動詞	助動詞
日本語	➡	運転する	ことができる

「能力がある」という意味を補う

助動詞は動詞の「後」に持ってくる

		助動詞	動詞
英　語	➡	can	drive
		ことができる	運転する

助動詞は動詞の「前」に持ってくる

Check! さまざまな助動詞を覚えよう

can以外にもさまざまな助動詞があります。表にまとめたので、しっかり覚えておきましょう。なお、助動詞の考え方はすべて同じです。

よく使う助動詞	意味
can ~	~することができる（＝be able to ~）、~してもよい
may ~	~かもしれない、~してもよい
must ~	~しなければならない、~に違いない
have to ~	~しなければならない
should ~	~すべきだ、~のはずだ
had better ~	~したほうがいい

LESSON 4 助動詞❷

彼女は病気かもしれない
She may be sick.

Point!
助動詞の後の動詞は原形。助動詞は三人称単数現在の影響を受けない

　15ページで、動詞は形がさまざまに変わると説明しましたが、助動詞の後ろの動詞はいつも原形（⇒15ページ）にします。また、助動詞は三人称単数現在（⇒14ページ）の影響を受けません。

　　　　　主語　　　　動詞　　　　目的語
　　　　　She　　　drives　　　a car.
　　　　　　　（彼女は車を運転する）

can（〜することができる）を動詞の前に入れる　　助動詞の後は原形（sはつけない）

❌ She can drive [s] a car.

❌ She can [s] drive a car.

三人称単数現在だが、助動詞にはsはつけない

　　　　　主語　　　　動詞　　　　目的語
　　　　　She　　can drive　　a car.
　　　　（彼女は車を運転することができる）

Check!
be動詞がある文に助動詞を使う場合も考え方は同じ

be動詞がある文も、一般動詞と同じです。なお、be動詞の原形は「be」です。

主語　　　be動詞　　　補語
She　　is　　sick.
（彼女は病気です）

may（〜かもしれない）を入れる

　　　　　助動詞　be動詞
She　may　is　sick.

助動詞は動詞の「前」

助動詞の後は原形。be動詞の原形はbe

Change!

She　may　be　sick.
（彼女は病気かもしれない）

練習問題 Question!

（　）に適語を入れなさい。

1　She (　) (　) (　) teach English.
　（＝彼女は英語を教えることができる）

2　You (　) (　) do your homework.
　（＝あなたは宿題をしなければならない）

答え：1 is able to　2 have to

LESSON 5　現在進行形

彼はテレビを見ている
He is watching TV.

Point!　「〜している」は「be 動詞＋動詞の ing 形」

「(今) 〜しているところ」を表すときは、動詞を「be動詞＋動詞のing形」にします。この形を現在進行形といいます。

なお動詞のing形は、基本的に動詞の原形に「ing」をつけるだけですが、例外もあります（⇒140ページ）。

Check!
状態を表す動詞は現在進行形にできない

　動詞は、「動作」を表す動詞と「状態」を表す動詞の２つに分けることができます。日本語が「〜している」の形になっていても、状態を表す動詞は、現在進行形にできません。

　なお、動詞が、動作と状態のどちらを表しているのかわからない場合は「ところです」をつけてみましょう。つけて違和感がなければ「動作」、あれば「状態」を表す動詞、と簡単に判断できます。

「知っている＋ところです」にすると違和感があるので、「知っている」は状態を表す動詞

主語	目的語	動詞
私は	彼を	知っている

「〜している」の形になっていますが、「知っている」は状態を表す動詞なので、現在進行形にはしません

　　　主語　　　動詞　　　　目的語
 I　am knowing　him.
 I　　know　　　him.

練習問題 Question!

（　）に適語を入れなさい。
1　They (　　)(　　) soccer.（＝彼らはサッカーをしている）

次の日本語を英語になおしなさい。
2　彼は写真を撮っている　　　（ヒント…彼は：He ／写真を撮る：take pictures）
3　彼女は新しいカバンを持っている　（ヒント…彼女は：She ／新しいカバン：a new bag ／持っている：have）

答え：1 are playing　2 He is taking pictures.　3 She has a new bag.

LESSON 6 過去形（一般動詞）

私は昨日彼の車を洗った
I washed his car yesterday.

Point!
過去形の基本は「動詞の原形」に「ed」をつける

　日本語では、動詞が「〜する」の形になっていれば現在、「〜した」の形になっていれば過去の話です。「〜した」という過去の文を英語で表すには原則、動詞の原形に「ed」をつけます。この形を過去形といいます。

　なお、動詞を過去形にする方法には例外も多いので、詳しくは141ページを参照してください。

Check! 過去形と三人称単数現在との関係

主語が三人称単数現在のとき、動詞にsをつけましたが、三人称単数でも過去形の場合は、sはつけません。

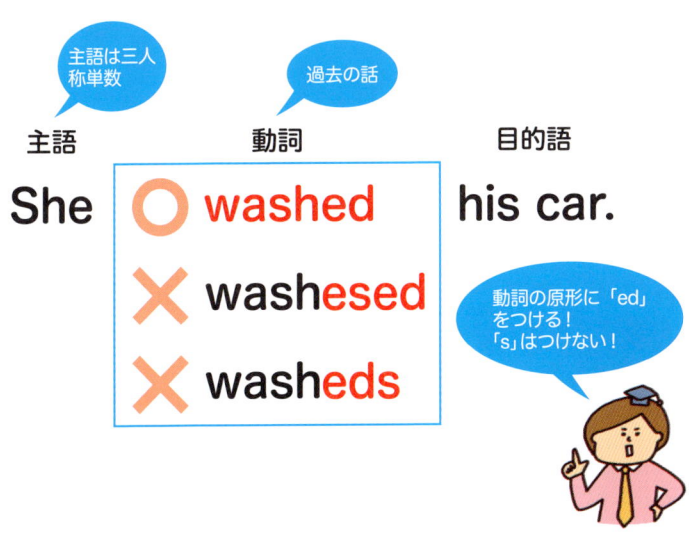

練習問題 Question!

問題文の指示に従って答えなさい。

1 140、141ページを参考にして、次の動詞の過去形を書きなさい。
　❶ go（行く）→（　　）　　❻ write（書く）→（　　）
　❷ make（作る）→（　　）　❼ give（与える）→（　　）
　❸ play（する）→（　　）　❽ read（読む）→（　　）
　❹ study（勉強する）→（　　）　❾ live（住む）→（　　）
　❺ have（持っている）→（　　）

2 「私はテレビを見た」を英語になおしなさい。

答え：1 ❶ went ❷ made ❸ played ❹ studied ❺ had ❻ wrote ❼ gave ❽ read ❾ lived
　　　2 I watched TV.

LESSON 7　過去形（be動詞）

彼は忙しかった
He was busy.

Point!
過去のときはbe動詞の形を変える

　be動詞がある文を「〜かった」「〜だった」と過去形にするには、be動詞の形を変えます。
　be動詞をどう変えるかは、下の表で覚えましょう。

主語	be動詞	補語
現在 → He	is	busy.
	彼は	です	忙しい

主語	be動詞	補語
過去 → He	was	busy.
	彼は	かった	忙しい

（isの過去形なのでwas）

● be動詞の変化形

主語	現在形	過去形
I	am	was
He、She、It、This、That	is	was
You、We、They	are	were

Check!
「～していた」は「be動詞の過去形＋動詞のing形」

「彼女はケーキを作っていた」のように「～していた」という文は「be動詞の過去形＋動詞のing形」で表します。

	主語	動詞	目的語
現在 ➡	She	is making	a cake.

be動詞の現在形＋動詞のing形
彼女はケーキを作っている ～している

	主語	動詞	目的語
過去 ➡	She	was making	a cake.

be動詞の過去形＋動詞のing形
isの過去形なのでwas
彼女はケーキを作っていた ～していた

ココに注目！ Column

be動詞がある文の過去形は、be動詞を過去形にする

「～していた」を「be動詞の過去形＋動詞のing形」で表したように、be動詞を使う助動詞や受動態の文を過去形にする場合は、be動詞を過去形にします。

● 助動詞（⇒16ページ）
現在 ➡ He is able to use it.（彼はそれを使うことができる）
過去 ➡ He was able to use it.（彼はそれを使うことができた）

● 受動態（⇒62ページ）
現在 ➡ This window is broken by him.（この窓は彼に壊される）
過去 ➡ This window was broken by him.（この窓は彼に壊された）

LESSON 8　未来形

私は東京を訪れる予定です
I will visit Tokyo.

Point!
未来形は will か be going to 〜 で表す

「〜でしょう」「〜するつもり」のような未来を表す形（未来形）にするには、「will」か「be going to 〜」を使います。「will」「be going to 〜」の使い方は can や be able to 〜 と同じです（⇒16ページ）。

なお、will は漠然とした未来を表すときに、be going to 〜 はあらかじめ決めていた未来を表すときにふつう使います。

Check!
助動詞が2つある文は片方を別の表現で言い換える

助動詞は文に1つしか使えません。助動詞がある文を未来形にするには、片方の助動詞を別の表現で言い換えます。

練習問題 Question!

( )に適語を入れなさい。

1 He (   ) (   ) busy next month.（＝彼は来月忙しいでしょう）
2 She (   ) (   ) (   ) (   ) a new car.
   （＝彼女は新しい車を買うでしょう）

答え：1 will be　2 is going to buy

LESSON 9 名詞

彼はコップ２杯の水を飲んだ
He drank two glasses of water.

Point!
数えられる名詞と数えられない名詞を把握する

　英語では「数えられる名詞」と「数えられない名詞」を区別します。ただ、日本語では数えられるものでも、英語では「数えられない名詞」に分類されていることもあるので、名詞がどう分類されているのかを覚えておきましょう。

●数えられる名詞

普通名詞		集合名詞	
car（車）	cat（ネコ）	family（家族）	team（チーム）

●数えられない名詞

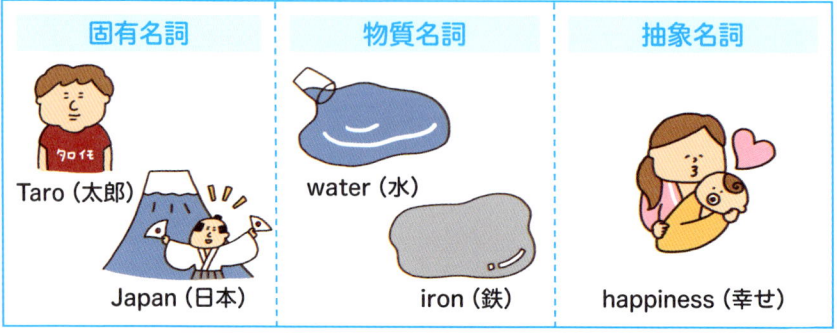

固有名詞	物質名詞	抽象名詞
Taro（太郎）	water（水）	happiness（幸せ）
Japan（日本）	iron（鉄）	

Point!
数えられる名詞には単数形と複数形がある

数えられる名詞は、1つのとき単数形で表します。単数形とは、辞書に載っている名詞の形です。単数形の名詞の前にはa、an、the、所有格（⇒34ページ）などをつけます。

複数あるときは、複数形にします。複数形とは、基本的に名詞の語尾にsをつけたもので（⇒143ページ）、前にtheがつくこともあります。

本が1冊 ➡ a book、the book、his book　など

ネコが複数 ➡ cats、the cats、my cats　など

数えられない名詞は複数形にならず、a、anもつかない

数えられない名詞は複数形にせず、a、anもつきません（theはつくことがあります）。数えるときは、「a glass of〜（コップ1杯の〜）」「a cup of〜（カップ1杯の〜）」のように表します。複数あるときは「two sheets of〜（2枚の〜）」のようにofの前の名詞を複数形にします。

水 ➡ water、もしくはthe water
〈数えるときは〉
a glass of water、two glasses of water　など

Check!
三人称単数現在のsと、数えられる名詞のs

三人称単数現在のsは動詞につくsで、複数形のsは名詞につくsです。同じ「s」なので、つけ方を混同しないようにしましょう。

（彼はたくさんの本を買う）

LESSON 10 形容詞

すこし質問があります
I have a few questions.

Point!
形容詞は名詞の「前」、「～thing」の「後」

形容詞が名詞を修飾する限定用法（⇒8ページ）では、名詞の「前」に形容詞を置きます。ただし、something（何か）など、「～thing」のときは「後」に置きます。

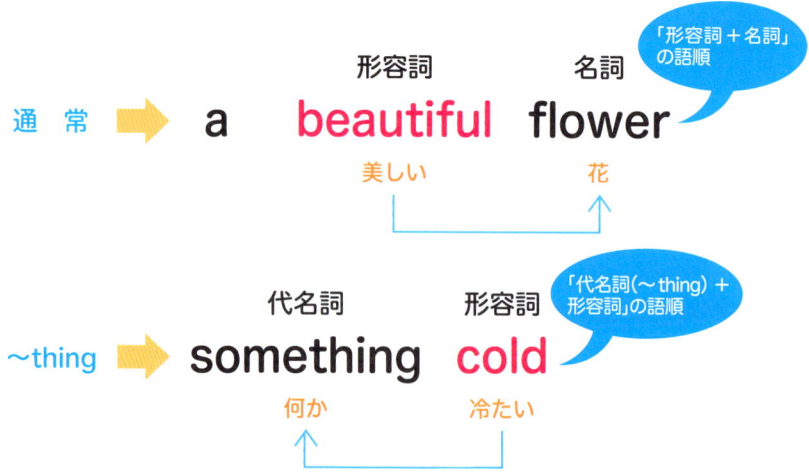

manyとmuchの使い分け

「たくさんの」には「many」と「much」の2つがあります。名詞が数えられるときは「many」を、数えられないときは「much」を使います。

形容詞	名詞		形容詞	名詞
たくさんの	本		たくさんの	砂糖
many もしくは much	book		many もしくは much	sugar

bookは数えられる名詞 → **many** books（複数あるので複数形）

sugarは数えられない名詞 → **much** sugar（複数形にしない）

a few と a little の使い分け

「すこしの」には「a few」と「a little」の２つがあります。名詞が数えられるときは「a few」を、数えられないときは「a little」を使います。

例　a few questions（すこしの質問）　⇐　questionは数えられる名詞

例　a little water（すこしの水）　⇐　waterは数えられない名詞

Point!
形容詞は補語になることもある

形容詞は、補語になって主語の状態を説明することもあります。これを叙述用法（⇒8ページ）といいます。

主語　　　　　　　　補語

This book　is　interesting.

（この本はおもしろい）

練習問題 Question!

（　）に適語を入れなさい。

1　I bought (　　)(　　).（＝私はたくさんの本を買った）
2　He drank (　　)(　　).（＝彼はたくさんの牛乳を飲んだ）

答え：1　many books　2　much milk

LESSON 11 　副　詞

私はふつう7時にそこに行く
I usually go there at seven.

Point!
副詞は動詞の「後」、形容詞の「前」

副詞（⇒9ページ）は、たいてい動詞の「後」、形容詞の「前」に置きます。

　　　　　　　　　動詞　　副詞　　動詞の後
　　　　　　I　can　run　fast.
　　　　　　（私は速く走ることができる）

Point!
時を表す副詞は文末か文頭

時を表す副詞はたいてい文末に置きますが、文頭に持ってくることもあります。
　時を表す副詞はよく使われるので、しっかり覚えましょう。

　　　　　　　　　　　　　　　　副詞　　文末
　　　　I bought this bag yesterday.
　　　　　（私はこのカバンを昨日買った）

●時を表す副詞の例

過去	
❶ yesterday	昨日
❷ five days ago	5日前に
❸ five years ago	5年前に
❹ last night	昨晩
❺ last week	先週
❻ last month	先月
❼ last year	昨年
❽ last Sunday	この前の日曜日
❾ last spring	昨年の春

未　来	
❶ tomorrow	明日
❷ this afternoon	今日の午後
❸ next week	来週
❹ next month	来月
❺ some day	いつか

※❷は過去の文でも使えます。

Point!
頻度を表す副詞は一般動詞の「前」、be動詞の「後」

頻度を表す副詞は一般動詞の「前」、be動詞の「後」に置きます。
頻度を表す副詞もよく使われるので、しっかり覚えておきましょう。

副詞　一般動詞

I usually go there at seven.
（私はふつう7時にそこに行く）

be動詞　副詞　（be動詞の後）

She is always in her office weekdays.
（彼女は平日、いつも会社にいる）

●頻度を表す副詞の例

❶ always	いつも	頻度が高い
❷ usually	ふつう	↕
❸ often	しばしば	
❹ sometimes	ときどき	
❺ never	一度も〜ない	頻度が低い

LESSON 12 代名詞❶

このカメラは彼女のものです
This camera is hers.

Point!
「私は」「彼の」「彼女を」などを英語で表す方法

「〜は」「〜が」を主格、「〜の」を所有格、「〜を」「〜に」を目的格といいます。
代名詞は覚えるしかないので、しっかり暗記しましょう。

人称	主格（〜は、〜が）	所有格（〜の）	目的格（〜を、〜に）
私	I	my	me
あなた	you	your	you
彼	he	his	him
彼女	she	her	her
それ	it	its	it
私たち	we	our	us
あなたたち	you	your	you
彼ら 彼女ら それら	they	their	them

彼女の　父は　彼らを　知っている

⬇ 「〜の」なので所有格　　⬇ 「〜を」なので目的格

her　　　　　　**them**

Her father knows them.

Check!
「〜のもの」を英語で表す方法

「〜のもの」という日本語になる代名詞を所有代名詞といいます。たとえば以下のものがあります。

私のもの	mine	私たちのもの	ours
あなたのもの	yours	あなたたちのもの	yours
彼のもの	his	彼らのもの	
彼女のもの	hers	彼女らのもの	theirs
		それらのもの	

「〜自身」を英語で表す方法

「〜自身」という日本語になる代名詞を再帰代名詞といいます。たとえば以下のものがあります。

私自身	myself	私たち自身	ourselves
あなた自身	yourself	あなたたち自身	yourselves
彼自身	himself	彼ら自身	
彼女自身	herself	彼女ら自身	themselves
それ自身	itself	それら自身	

練習問題 Question!

問題文の指示に従って答えなさい。

1 「He goes to school at seven.（＝彼は7時に学校に行く）」に「いつも」を加え、正しい英文にしなさい。

2 「She sells her car.（＝彼女は彼女の車を売る）」に「先月」を加え、正しい英文にしなさい。

3 「(　)(　) washed (　) car (　)(　).（＝私の弟は先週彼の車を洗った）」の (　) に適語を入れなさい。

4 「This is his camera. ＝ (　)(　) is (　).（＝このカメラは彼のものです）」の (　) に適語を入れなさい。

答え：1 He always goes to school at seven.　2 She sold her car last month.
3 My brother、his、last week　4 This camera、his

LESSON 13　代名詞❷

私のカバンは古い。新しいものが欲しい
My bag is old. I want a new one.

Point!
前に出た名詞は繰り返さない

　日本語では「それ」などの言葉を使って、前に出た名詞を繰り返さないようにします。英語でも、one や it などに置き換え、前に出た名詞は繰り返しません。

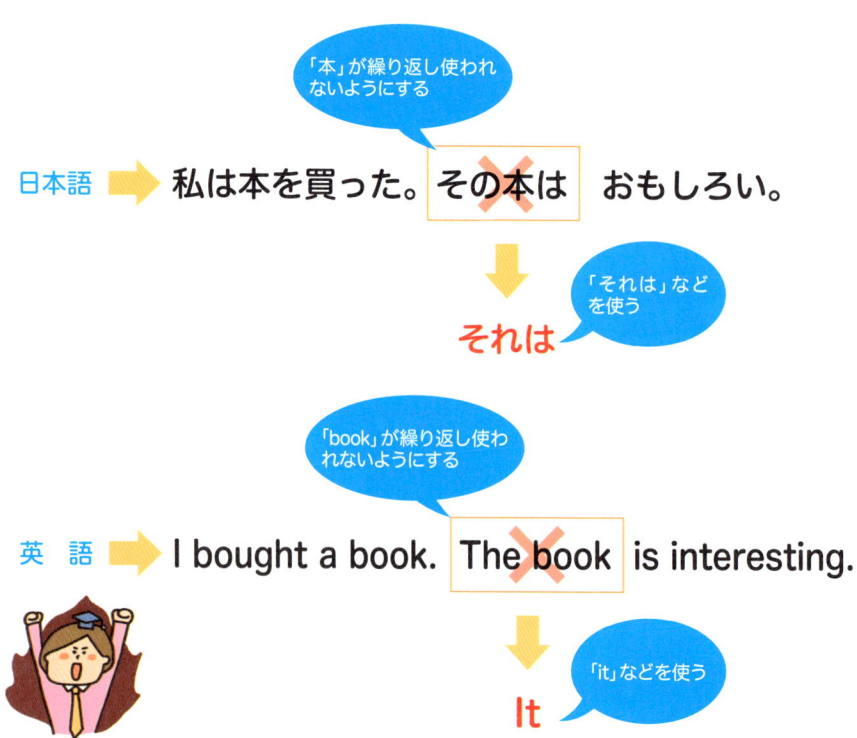

日本語 ➡ 私は本を買った。 その本は おもしろい。
「本」が繰り返し使われないようにする

⬇ それは
「それは」などを使う

英語 ➡ I bought a book. The book is interesting.
「book」が繰り返し使われないようにする

⬇ It
「it」などを使う

36

Check!
oneは不特定、itは特定のものを指す

oneは不特定のもの、itは特定のものを指すときに使います。

● oneを使う場合

例 My pen is old. I want a new one.
（私のペンは古い。私は新しいものが欲しい）

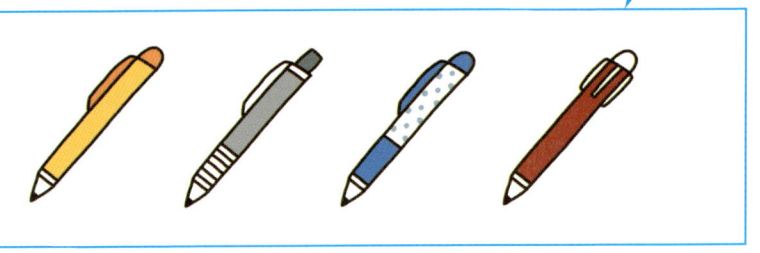

> ペンなら、どのペンでもいい

● itを使う場合

例 I have a pen. You can use it.
（私はペンを持っています。それを使ってもいいですよ）

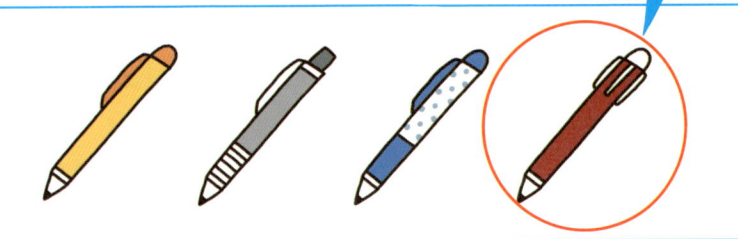

> 私が持っているこのペン

練習問題 Question!

（　）に、one か it の正しいほうを入れなさい。

1　I have a new bag. She has an old (　　).
　（＝私は新しいカバンを持っている。彼女は古いものを持っている）

2　I bought a book last month. I sold (　　) yesterday.
　（＝私は先月本を買った。私は昨日それを売った）

答え：1 one　2 it

復習テスト ❶

Q1.
This bicycle is his.

① 英文を日本語になおしなさい。
② 英文に「〜に違いない」を挿入しなさい。
③ 英文を過去形「〜だった」にしなさい。

Q2.
I know her.

① 英文の主語を「彼の父親」に変えなさい。
② 英文の主語を「彼は」に変え、「〜かもしれない」を挿入しなさい。

Q3.
I listen to music.

① 英文を現在進行形「〜している」にしなさい。
② 英文の主語を「彼女は」に変え、過去形「〜した」にしなさい。
③ 英文を過去進行形「〜していた」にしなさい。
④ 英文に「いつも」を挿入しなさい。
⑤ 英文の主語を「彼女は」に変え、未来形「〜だろう」にしなさい。

Q4.
He wants a book.

① 英文の a book を「たくさんの本」に変えなさい。
② 英文の a book を「コップ1杯の水」に変えなさい。

解答

Q1.
① この自転車は彼のものです → 12、35 ページ
② This bicycle must be his. → 17、19 ページ
（この自転車は彼のものに違いない）
③ This bicycle was his. → 24 ページ
（この自転車は彼のものだった）

Q2.
① His father knows her. → 14、34 ページ
（彼の父親は彼女を知っている）
② He may know her. → 17、18 ページ
（彼は彼女を知っているかもしれない）

Q3.
① I am [I'm] listening to music. → 20 ページ
（私は音楽を聴いている）
② She listened to music. → 22 ページ
（彼女は音楽を聴いた）
③ I was listening to music. → 25 ページ
（私は音楽を聴いていた）
④ I always listen to music. → 33 ページ
（私はいつも音楽を聴く）
⑤ She will listen to music. → 26 ページ
（彼女は音楽を聴くだろう）
She is [She's] going to listen to music. → 26 ページ
（彼女は音楽を聴くだろう）

Q4.
① He wants many [a lot of, lots of] books. → 29、30 ページ
（彼はたくさんの本が欲しい）
② He wants a glass of water. → 29 ページ
（彼はコップ1杯の水が欲しい）

LESSON 14　不定詞（名詞的用法）

私は英語を勉強することが好きだ
I like to study English.

Point!
「〜すること」は「to〜」。toは動詞の前

　「〜すること」は「to〜」で表します。toは動詞の前に持ってきます。このように「to〜」を使った表現を不定詞といいます。

例1 勉強すること

動詞
勉強する　＋　こと
study　　　　　to

（toは動詞の前）
to study

例2 英語を勉強すること

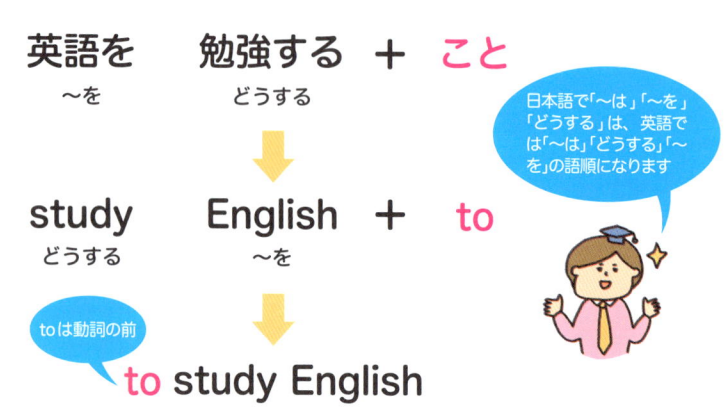

英語を　　勉強する　＋　こと
〜を　　　どうする

（日本語で「〜は」「〜を」「どうする」は、英語では「〜は」「どうする」「〜を」の語順になります）

study　　English　＋　to
どうする　〜を

（toは動詞の前）
to study English

Check!
to～は主語、目的語、補語になる

「to～」は名詞と同じように使われ、主語、目的語、補語になります。

例 目的語になる場合

「○が好きです」の○は「～が」の形になっているが、目的語（⇒95ページ）

主語　　目的語　　　　　　　　　動詞
私は　　英語を勉強することが　　好きだ
　　　　to study English

主語　動詞　　目的語
I　　like　　to study English．

to～は、目的語

練習問題 Question!

（　）に適語を入れなさい。

1　走ること＝（　）（　）
2　泳ぐこと＝（　）（　）
3　野球をすること＝（　）（　）（　）
4　この部屋を掃除すること＝（　）（　）（　）（　）
5　私の夢は英語を教えることです＝（　）（　）（　）（　）（　）（　）．

答え：1 to run　2 to swim　3 to play baseball　4 to clean this room
　　　5 My dream is to teach English

LESSON 15 不定詞(形容詞的用法)

私にはしないといけない仕事がある
I have work to do.

拙者にはやらぬばならぬことがあるぜよ

Point!

「〜するための」「〜するべき」は「to〜」

「〜するための」「〜するべき」は「to〜」で表します。toは動詞の前に持ってきます。

例 するべき

動詞
する ＋ **べき**
do   to

↓ toは動詞の前

to do

「to〜」は名詞の後に置く

「to〜」は形容詞とは異なり、名詞の後に置きます。

例 するべき仕事

to〜   名詞
するべき ＋ **仕事**
to do   work

↓

work to do　to〜は名詞の後

42

Check! to〜は形容詞と同じ

形容詞は、名詞を修飾します（⇒8ページ）。「〜するための」「〜するべき」の「to〜」も形容詞の限定用法と同じ働きをします。

形容詞 ➡ a **beautiful** flower
（形容詞／名詞）
どのような flower（花）なのかを説明

to〜 ➡ work **to do**
（名詞／to〜）
どのような work（仕事）なのかを説明

練習問題 Question!

（　）に適語を入れなさい。

1　(　)(　)(　)（＝飲み水）
　（ヒント…「飲むための水」と考えます）

2　(　)(　)(　)（＝何か飲むもの）
　（ヒント…「飲むための何か」と考えます。何か：something）

3　(　)(　)(　)(　)（＝冷たい飲み水）
　（ヒント…「飲むための冷たい水」と考えます。冷たい：cold）

答え：1 water to drink　2 something to drink　3 cold water to drink

LESSON 16 不定詞（副詞的用法）

私は彼に会うために、そこに行った
I went there to meet him.

Point!
「〜するために」「〜しに」は「to〜」

「〜するために」「〜しに」は「to〜」で表します。toは動詞の前に持ってきます。

例1 泳ぐために

動詞
泳ぐ ＋ ために
swim　　　to
↓
to swim

（toは動詞の前）

例2 彼に会うために

彼に　　会う ＋ ために
〜に　　どうする
↓
meet　him ＋ to
どうする　〜に
↓
to meet him

（toは動詞の前）

日本語で「〜は」「〜に」「どうする」は英語では「〜は」「どうする」「〜に」の語順になります

44

Check!
「〜するために」「〜しに」の「to〜」は、文末にくることが多い

「〜するために」「〜しに」の「to〜」は、よく文末に置かれます。

I went there . 　to meet him　（文末）
（私はそこに行った）　（彼に会うために）

⬇

I went there to meet him.
（私は彼に会うために、そこに行った）

覚えておくべき不定詞の副詞的用法

以下のものは熟語のように覚えておきましょう。

❶ be glad to 〜	〜してうれしい
❷ be sorry to 〜	〜して申し訳なく（残念に）思う
❸ be surprised to 〜	〜して驚く

〜してうれしい

I am glad to see you.

主語がI なのでam

（私はあなたに会えてうれしい）

練習問題 Question!

次の日本語を英語になおしなさい。

1　彼は私に会いにきた
　（ヒント…会う：see、meet）

2　私は英語を勉強するために図書館に行った
　（ヒント…図書館：the library／〜に行く：go to 〜）

答え：1 He came to see [meet] me.　2 I went to the library to study English.

不定詞（副詞的用法）

LESSON 17　不定詞（その他❶）

私が日本語を話すことは簡単です
It is easy for me to speak Japanese.

Point!
「to〜」を後ろにして、形式上の主語 It を置く

「to〜」が主語になるとき、It を形式上の主語として使い、「to〜」は文末に持っていきます。

　　　　　　主語　　　　　　　補語　　です
　　　　日本語を話すことは　簡単　です

　　　　　　　　　　日本語を話すこと
　　～を　どうする　　　　どうする　　～を　　　　　　to は動詞の前
　　日本語を　話す ＋ こと ➡ speak Japanese ＋ to ➡ to speak Japanese

　　　　　　主語　　　　　　　　　補語
　　　　To speak Japanese　is　easy.

　　　　　　主語　　　　　　　　　補語
　　　　To speak Japanese　is　easy　☐ .
　　　　　　　　　　　　　長いので文末に持っていく

　　　　　　　形式上の主語　　　　　　　　　文中なので小文字
　to〜を文末に
　持っていった印　　It　is　easy　to speak Japanese .

46

Check!
意味上の主語は「for」を使って入れる

「to～」が主語のとき、さらに「to～」の意味上の主語を入れるには、「for＋人」にしてtoの前に置きます。forは前置詞（⇒9ページ）で、forの後は目的格（⇒34ページ）にします。

It is easy to speak Japanese .

日本語を話すこと

⬇

It is easy **for me** to speak Japanese .

to speak ～の意味上の主語
前置詞の後は目的格だから、me
「私が」
日本語を話すこと

「to～」を使った表現を覚えておこう

❶ want to ～	～したい	❹ begin to ～	～し始める
❷ hope to ～	～するのを望む	❺ wish to ～	～したい
❸ try to ～	～しようとする	❻ decide to ～	～しようと決心する

例　I want to play the piano.（私はピアノを 弾きたい ）

練習問題 Question!

次の日本語を英語になおしなさい。1は It を使いなさい。

1　この川で泳ぐのは危ない
（ヒント…この川で：in this river／危ない：dangerous　「この川で泳ぐことは危ない」と考えるといいでしょう）

2　彼は新車を買おうと決心した
（ヒント…新車：a new car／買う：buy）

答え：1 It is dangerous to swim in this river.　2 He decided to buy a new car.

不定詞（その他❶）

LESSON 18　不定詞（その他❷）

彼は車を運転するには年をとりすぎています
He is too old to drive a car.

Point!
不定詞を使う表現の「疑問詞＋to〜」

「疑問詞＋to〜」の表現4つを覚えておきましょう。

❶ how to 〜　｜〜の仕方
❷ what to 〜　｜何を〜したらいいのか
❸ when to 〜　｜いつ〜したらいいのか
❹ where to 〜　｜どこで〜したらいいのか

例　He knew how to drive .（彼は 運転の仕方 を知っていた）

Point!
不定詞を使う表現の「動詞＋目的語＋to〜」

「動詞＋目的語＋to〜」の表現3つを覚えておきましょう。

❶ ask A to 〜　｜Aに〜するように頼む
❷ want A to 〜　｜Aに〜してもらいたい
❸ tell A to 〜　｜Aに〜するように言う

```
        ask      A      to      〜
He    asked    me      to     cook.
```

代名詞の場合は、目的格

主語　　A　　　〜するように頼む
彼は　私に　料理をするように　頼んだ

「too A to〜」は「〜するにはAすぎる」

「too A to〜」は「〜するにはAすぎる」を表します。

　　　　　　too　　A　　to　　　　〜
He is **too** old **to** drive a car.

⬇

　　　　　〜するには　　　Aすぎる
彼は 車を運転するには 年をとりすぎて います

「A enough to〜」は「〜するには十分A」

「A enough to〜」は「〜するには十分A」を表します。

　　　　　　A　　enough to　　　　〜
He is rich **enough to** buy this car.

⬇

　　　　　〜するには十分　　　　A
彼は この車を買えるほど十分 金持ち です

不定詞（その他②）

練習問題 Question!

次の日本語を英語になおしなさい。

1　私は釣りに行くには忙しすぎる　　（ヒント…釣りに行く：go fishing）
2　彼は彼女にドアを開けるように頼んだ　（ヒント…ドア：the door／開ける：open）
3　私の兄はスキーのやり方を知っている　（ヒント…スキーをする：ski）

答え：1 I am too busy to go fishing.　2 He asked her to open the door.
　　　3 My brother knows how to ski.

LESSON 19 動名詞

私は英語を勉強することが好きだ
I like studying English.

Point!
「〜すること」は「動詞のing形」でも表せる

「〜すること」は「to〜」で表すと学習しましたが（⇒40ページ）、「動詞のing形」でも表せます。

例1 勉強すること

原形　　　　　**動詞の原形をing形にする**　　動詞のing形
study　➡　**studying**
勉強する　　　　　　　　　　　勉強すること

動詞をing形にする方法は140ページを参照してください

例2 英語を勉強すること

原形　　　　　　　　　**動詞の原形をing形にする**　　動詞のing形
study English　➡　**studying English**
勉強する　英語を　　　　　　　　　　　　英語を勉強すること

語順に注意

Check! 動名詞のあるややこしい文も、文の要素を考えれば簡単

　一見ややこしそうな文でも、文の要素を考えれば簡単に英語にできます。「私は英語を勉強することが好きだ」を英語になおしてみましょう。

主語	目的語	動詞
私は	英語を勉強することが	好きだ

⬇

主語	動詞	目的語
I	like	studying English .

練習問題 Question!

（　）に適語を入れなさい。

1　泳ぐこと ＝ (　　)
2　写真を撮ること ＝ (　　)(　　)
3　テレビを見ること ＝ (　　)(　　)
4　ボールを投げること ＝ (　　)(　　)(　　)
5　公園で走ること ＝ (　　)(　　)(　　)(　　)
6　本を読むことは大切です ＝ (　　)(　　)(　　)(　　).

次の日本語を英語になおしなさい。

7　私の趣味は車を運転することです　（ヒント…趣味：hobby／運転する：drive）
8　彼女はピアノを弾くのをやめた　（ヒント…ピアノ：the piano　「弾くことを」と考えるといいでしょう）

答え：1 swimming　2 taking pictures　3 watching TV　4 throwing a ball
　　　5 running in the park　6 Reading books is important.
　　　7 My hobby is driving a car.　8 She stopped playing the piano.

LESSON 20　不定詞と動名詞

彼は話すのをやめた
He stopped talking.

Point!
不定詞しか使えない動詞と動名詞しか使えない動詞

　「〜すること」は「to〜」もしくは「動詞のing形」で表せます。しかし、不定詞しか目的語にとらない動詞、動名詞しか目的語にとらない動詞もあるので、しっかり覚えておきましょう。

● 動名詞しか目的語にとらない動詞の例

❶ enjoy ＋ 動詞のing形	〜して楽しむ
❷ finish ＋ 動詞のing形	〜し終える
❸ stop ＋ 動詞のing形	〜するのをやめる

例

主語	目的語	動詞
彼は	話すことを	やめた

主語	動詞	目的語
He	stopped	✗ to talk ○ talking .

stopは動名詞しか目的語にとらない

　なお、「He stopped to talk.」の「to〜」はstopの目的語ではなく、不定詞の副詞的用法になります（⇒44ページ）。日本語にすると「彼は話すために立ち止まった〔手を休めた〕」となります。

● 不定詞しか目的語にとらない動詞の例

❶ want to ～	～したい	❸ wish to ～	～したい
❷ hope to ～	～するのを望む	❹ decide to ～	～しようと決心する

例

主語　　　　目的語　　　　　　動詞
彼は　　**そこに行くことを**　　決心した

主語　　動詞　　　　　目的語
He　decided　○ to go there．
　　　　　　　× going there

decideは不定詞しか目的語にとらない

● 両方とも目的語にとることができる動詞の例

❶ like to ～	=	like ＋ 動詞のing形	～するのが好きだ
❷ begin to ～	=	begin ＋ 動詞のing形	～し始める
❸ start to ～	=	start ＋ 動詞のing形	～し始める

練習問題 Question!

正しい語句を選び日本語になおしなさい。

1　I enjoyed (to play／playing) the guitar.
2　He decided (to study／studying) English.
3　I want (to drink／drinking) something cold.
4　She finished (to do／doing) her homework.
5　It stopped (to rain／raining) this morning.

次の日本語を、動詞のing形を使って英語になおしなさい。

6　私は、公園を歩くのが好きだ　(ヒント…公園を：in the park／歩く：walk)

答え：1　playing、私はギターを弾いて楽しんだ　2　to study、彼は英語を勉強しようと決心した
　　　3　to drink、私は何か冷たいものを飲みたい　4　doing、彼女は宿題をし終えた
　　　5　raining、今朝、雨がやんだ（この場合のItは日本語にしません）
　　　6　I like walking in the park.

不定詞と動名詞

LESSON 21　比較（原級）

彼は私と同じくらい忙しい
He is as busy as I.

> **Point!**
> 比較表現は「主役」と「脇役」を「比較するもの」で比べる

　「彼」の「忙しさ」を表すとき、「彼は忙しい」だけでは「彼」がどのくらい忙しいのかわかりません。そこで、例文では「私」が登場しています。彼と私の「忙しさ」を比較することで、彼がどのくらい忙しいのかを表したのです。

　「～と同じくらいA」という表現を比較（原級）といいます。例文では「彼」の「忙しさ」を伝えたいので、主役は「彼」で、脇役は「私」、比較するものは「忙しさ」です。

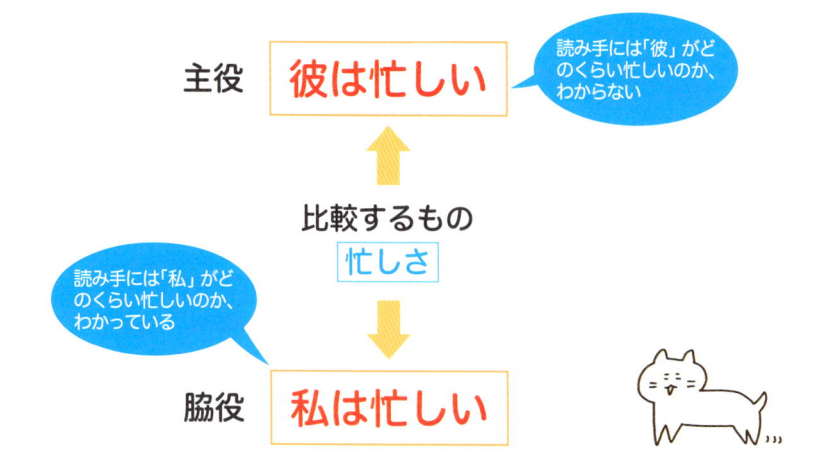

主役　**彼は忙しい**　　読み手には「彼」がどのくらい忙しいのか、わからない

比較するもの
忙しさ

読み手には「私」がどのくらい忙しいのか、わかっている

脇役　**私は忙しい**

　主役と脇役を比べる「比較」の表現は、「原級」以外にもう1つあります。56ページの「～よりもA」で、「比較級」といいます。

Point!
比較（原級）の表現を英語になおすには2ステップ

● ステップ❶

主役だけの文、脇役だけの文を作って、それぞれを英語になおします。

具体的には例文から、主役の文は「脇役」と「と同じくらい」を、脇役の文は「主役」と「と同じくらい」を消して英語になおします。

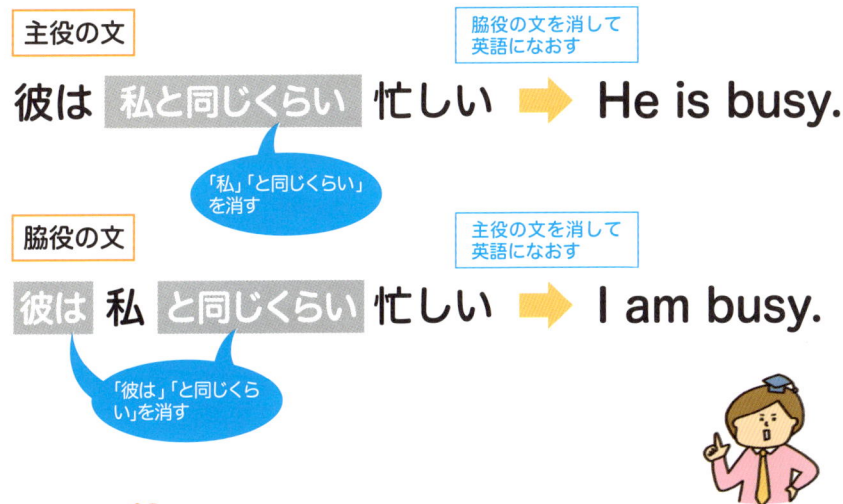

主役の文

彼は 私と同じくらい 忙しい ➡ He is busy.

（「私」「と同じくらい」を消す／脇役の文を消して英語になおす）

脇役の文

彼は 私 と同じくらい 忙しい ➡ I am busy.

（「彼は」「と同じくらい」を消す／主役の文を消して英語になおす）

● ステップ❷

2つの文を「主役の文」「脇役の文」の順に並べ、主役の文にある「比較するもの」を「as」で囲い、脇役の文にある「比較するもの」は削除します。また、主役と脇役の文で重複するものは削除します（be動詞は削除しなくても可）。

| 主役の文 | 脇役の文 |

比較するもの　　　　　　　　比較するもの

He is as busy as I (am) ~~busy~~.

ちなみに、このように考えると時間がかかるので、慣れてきたら「as A as ～（～と同じくらいA）」と覚えてしまいましょう。

LESSON 22　比較（比較級）

私は彼より速く泳ぐことができる
I can swim faster than he.

Point!
比較（比較級）の表現を英語になおすには2ステップ

　主役と脇役を比較するもう1つの表現、「比較級（〜よりもA）」について説明します。
　例文の日本語を英語になおしてみましょう。

● ステップ❶
　主役だけの文、脇役だけの文を作って、それぞれを英語になおします。
　具体的には例文から、主役の文は「脇役」と「より」を、脇役の文は「主役」と「より」を消して英語になおします。

主役の文　（「彼」「より」を消す）（脇役の文を消して英語になおす）

私は 彼より 速く泳ぐことができる　➡　I can swim fast.

脇役の文　（主役の文を消して英語になおす）

私は 彼 より 速く泳ぐことができる　➡　He can swim fast.
（「私は」「より」を消す）

● ステップ❷
　次に、2つの文を並べます。主役の文の「比較するもの」を比較級にし、その後ろに「than」を入れ、脇役の文の「比較するもの」は削除します。また、主役と脇役の文で重複するものは削除します。

例文では、私と彼のどちらが速いかを比べているので、「速さ」が「比較するもの」です。なお比較級とは、基本的に「er」をつけたものです（⇒142ページ）。

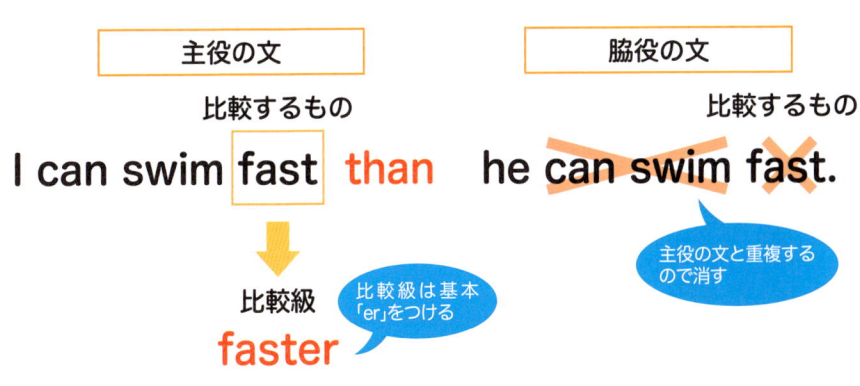

主役の文	脇役の文

比較するもの　　　　　　　　　　　　　比較するもの
I can swim fast than　he can swim fast.

↓　　　　　　　　　　　　　　　主役の文と重複するので消す
比較級　　比較級は基本「er」をつける
faster

ちなみに、このように考えると時間がかかるので、慣れてきたら「A（比較級）than ～（～よりもA）」と覚えてしまいましょう。

A（比較級）than ～
I can swim **faster than he**.
～よりもA
↓
彼よりも速く

練習問題 Question!

次の日本語を英語になおしなさい。

1　彼は私と同じくらいの年です　　　　（ヒント…（同じ）年齢の：old）
2　彼女はナナミと同じくらい親切です　（ヒント…親切な：kind）
3　彼は彼女と同じくらい頭がいい　　　（ヒント…頭がいい：smart）
4　私はナオより速く走ることができる　（ヒント…走る：run）
5　彼女は私より一生懸命勉強した　　　（ヒント…一生懸命：hard）

答え：1 He is as old as I.　2 She is as kind as Nanami.　3 He is as smart as she.
4 I can run faster than Nao.　5 She studied harder than I.

LESSON 23 比較（最上級）

私はクラスで最も背が高い

I am the tallest in my class.

Point!
「最も〜」は「the ＋ 最上級」で表す

例文のように「最も」を使う比較の表現を「最上級」といいます。

最上級を英語になおすには、「最も」を消して英語にし、あとは「比較するもの」を「the ＋ 最上級」にするだけです。

最上級とは基本的には「est」をつけたものです（⇒142ページ）。

私は クラスで 最も 背が高い

（「最も」を消す）
（比較するもの）
（最上級とともに用いられやすい表現は後述します）

⬇

I am tall in my class.

（比較するもの）

⬇ the ＋ 最上級

the tallest

（最上級は基本的に「est」をつける）

Check!
副詞の最上級にはtheがつかないこともある

副詞を最上級にする場合は、theがつかないこともあります。

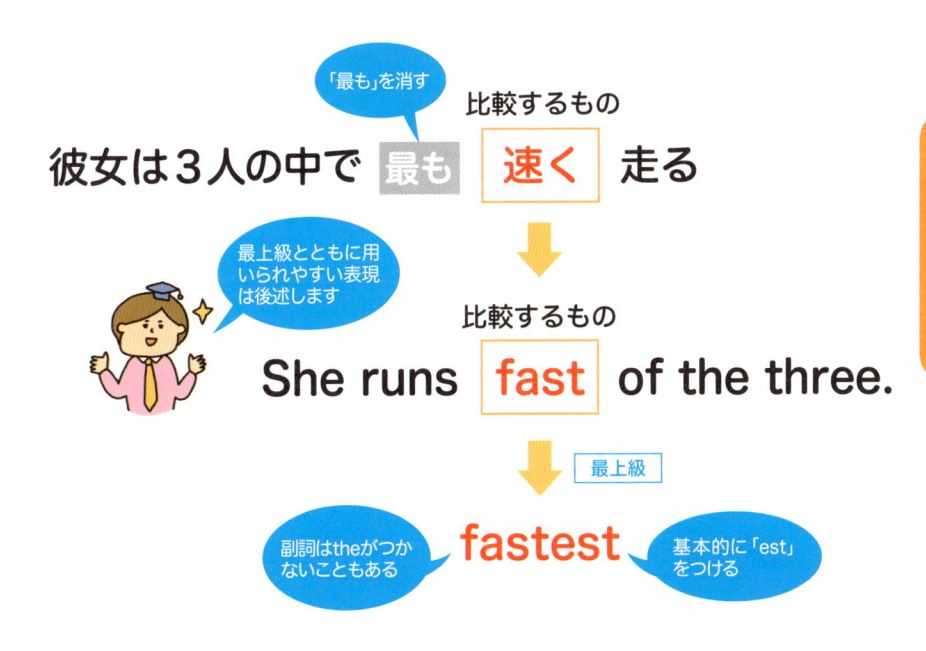

彼女は3人の中で [最も] [速く] 走る
- 「最も」を消す
- 比較するもの：速く

She runs [fast] of the three.
- 最上級とともに用いられやすい表現は後述します
- 比較するもの

↓ 最上級

fastest
- 副詞はtheがつかないこともある
- 基本的に「est」をつける

最上級とともに使われることが多い表現

最上級とともによく使われる表現なので、覚えておきましょう。

❶ of us all	私たち全員の中で	❹ in my class	私のクラスで
❷ of the three	3人の中で	❺ in Japan	日本で
❸ in my family	私の家族の中で		

練習問題 Question!

次の日本語を英語になおしなさい。

1　私は3人の中で最も忙しかった

答え：1 I was the busiest of the three.

LESSON 24 能動態と受動態（日本語）

ボールは彼によって投げられた

Point!
受動態にするときは3つのステップに気をつける

「〜する」の形を能動態、「〜される」の形を受動態といいます。能動態を受動態にするときは、文の要素（⇒10ページ）を意識して、次の3つのステップに気をつけます。

	主語	目的語	動詞
能動態	彼は	ボールを	投げた

（文の要素を意識する）

ステップ❶ 主語と目的語を入れ替える

ボールを　彼は　投げた

ステップ❷ 入れ替えた主語と目的語の形を整える

（主語の位置なので「〜は、〜が」の形にする）

ボールは　彼によって　投げた

（「〜によって」の形にする）

ステップ❸ 動詞の形を整える

受動態	ボールは	彼によって	投げられた

（「〜される」の形にする）

まとめると以下のようになります。下図で能動態を受動態にする方法を覚えましょう。

能動態　　主語：彼は　　目的語：ボールを　　動詞：投げた

受動態　　ボールは　　彼によって　　投げられた

- 主語の位置なので「〜は、〜が」の形にする
- 「〜によって」の形にする
- 「〜される」の形にする

能動態と受動態（日本語）

ココに注目！ Column

受動態と関係代名詞の説明をなぜ日本語だけでするの？

　このページを開いて、「英文法の本なのに、なぜ英文例がないの？」と疑問に思われた方もいることでしょう。

　なぜか。それは、たとえ英語の学習でも、まずは母国語の日本語で理解するのが、ごく自然な流れだからです。

　当たり前ですが、日本語を母国語とする人の多くは、何事も「日本語で」理解しています。したがって、英文法のしくみを日本語で理解する前に英語中心の学習を進めていくと、ほとんどの人は理解できなくなってしまいます。だから、特に理解しにくい受動態と関係代名詞は「日本語で」概要を説明しています。

　ただ、英語がある程度できるようになってきたら、日本語に固執するのはやめましょう。日本語と英語は、完全には対応していないからです。

　まずは日本語で英語を理解する、それだけだと限界があるので、徐々に、英語で理解するようにしていく……これが私の勧める英語学習法です。

LESSON 25　受動態❶

彼は彼女に好かれている
He is liked by her.

Point!
能動態を受動態にするには3ステップ

英語の能動態を受動態にする手順は、日本語の場合（⇒60ページ）とほぼ同じです。文の要素を意識しながら、3ステップで作ります。

	主語	動詞	目的語
能動態	She	likes	him.

（文の要素を意識する）

ステップ❶ 主語と目的語を入れ替える

	him	likes	she

ステップ❷ 入れ替えた主語と目的語の形を整える

	He	likes	by her

（主語の位置なので主格にする）
（「by（〜によって）＋目的格」の形にする）

ステップ❸ 動詞の形を整える

受動態	He	is liked	by her.

（「be動詞＋過去分詞」の形にする。過去分詞は基本的に、動詞の原形に「ed」をつける（⇒140、141ページ））

まとめると以下のようになります。下図で能動態を受動態にする方法を覚えましょう。

	主語	動詞	目的語
能動態	She	likes	him.
受動態	He	is liked	by her.

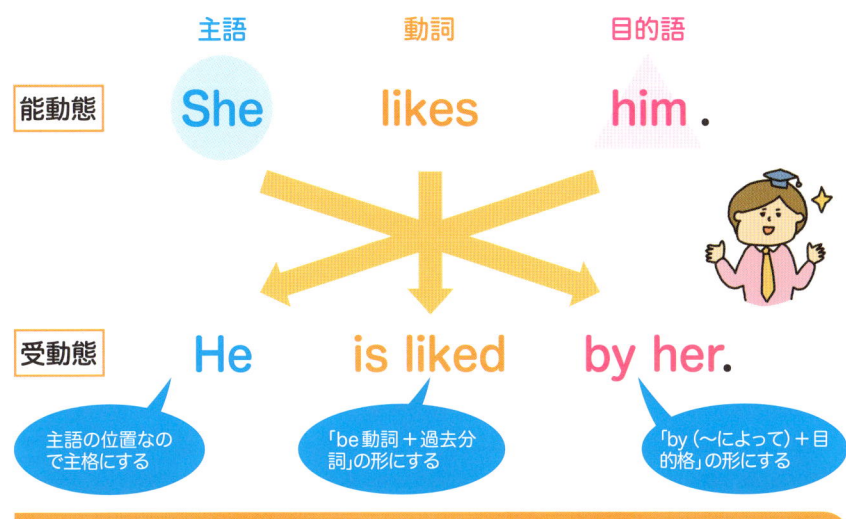

- 主語の位置なので主格にする
- 「be動詞＋過去分詞」の形にする
- 「by（～によって）＋目的格」の形にする

「by～（～によって）」は省略できる

「by～（～によって）」は省略されることがあります。

English is spoken ~~by them~~ in America.

（「be動詞＋過去分詞」※spokenはspeakの過去分詞）

アメリカでは英語が ~~彼らによって~~ 話されている。

練習問題 Question!

（　）に適語を入れなさい。

1　This letter (　) (　) in blue ink.
　　（＝この手紙は青いインクで書かれている）

答え：1　is written

LESSON 26　受動態❷

山の頂上は雪で覆われていた
The top of the mountain was covered with snow.

Point!
過去形の受動態はbe動詞を過去形にする

過去形の能動態の文を受動態にする場合、動詞を「be動詞の過去形＋過去分詞」にします。

例　「She washed his car.（彼女は彼の車を洗った）」を「彼の車は彼女によって洗われた」の受動態の文にする場合

	主語	動詞	目的語
能動態	She	washed	his car.
受動態	His car	was washed	by her.

「be動詞の過去形＋過去分詞」にする

Point!
助動詞がある文の受動態は「助動詞＋be＋過去分詞」

助動詞のある文を受動態にする場合、「助動詞＋動詞」を「助動詞＋be＋過去分詞」にします。

| 例 | 「He must buy this car.（彼はこの車を買うに違いない）」を「この車は彼によって買われるに違いない」の受動態の文にする場合 |

	主語	助動詞＋動詞	目的語
能動態	He	must buy	this car.
受動態	This car	must be bought	by him.

「助動詞＋be＋過去分詞」
※boughtはbuyの過去分詞

byではないケース、日本語につられるケース

「〜によって」は「by〜」と説明しましたが、by以外を使う受動態もあります。また、日本語で「〜する」と能動態になっているのに、英語では受動態で表す場合もあります。

これは覚えるしかないので、しっかり暗記しましょう。

❶ be surprised at 〜	〜に驚く
❷ be interested in 〜	〜に興味がある
❸ be covered with 〜	〜に覆われている
❹ be known to 〜	〜に知られている
❺ be made of 〜（材料）	〜でできている
❻ be made from 〜（原料）	〜から作られる

練習問題 Question!

問題文を受動態にしなさい。

1　He broke this window.（＝彼はこの窓を壊した）

答え：1　This window was broken by him.（＝この窓は彼によって壊された）

LESSON 27　現在完了形（完了・結果）

私は時計をなくしてしまった
I have lost my watch.

Point!
「〜してしまった」「〜したところだ」は「have ＋ 過去分詞」

「〜してしまった、〜したところだ（完了・結果）」は「have ＋ 過去分詞」で表します。過去分詞は基本的に、動詞の原形に「ed」をつけます（⇒140、141ページ）。

なお、「have ＋ 過去分詞」を現在完了形といいます。

主語	目的語	動詞
私は	時計を	なくしてしまった

〜してしまった：have ＋ 過去分詞

have lost

英語では「主語＋動詞＋目的語」の語順です

lose（なくす）の過去分詞は、lost

主語	動詞	目的語
I	have lost	my watch.

現在完了形（完了・結果）とともに使うことの多い表現

「〜してしまった」「〜したところだ」とともに使われやすい副詞です。

❶ just（ちょうど）、already（すでに）	haveと過去分詞の間に置く
❷ yet（否定文だと「まだ」、疑問文だと「もう」）	文末に置く

※否定文、疑問文については106ページ以降で学習します。

例

have　　　already（すでに）　過去分詞

I have [　] finished my homework.

（私はすでに宿題を終えてしまった）

Check! 現在完了形と過去形との違い

「私は時計をなくしてしまった（現在完了形）」と「私は時計をなくした（過去形）」は、どう違うのでしょう。

過去形の文では、過去に時計をなくした事実だけが述べられています。しかし、文からは現在、その時計があるかどうかまではわかりません。

一方、現在完了形の文では、過去に時計をなくしたこと、現在も時計がないことがわかります。すなわち、過去から現在までの状況が読み取れます。

現在完了形の文では、このように過去から現在までの状況が述べられているため、yesterday（昨日）、last night（昨晩）のように過去のある時点を示す副詞を単独で、ともに使うことはできません。

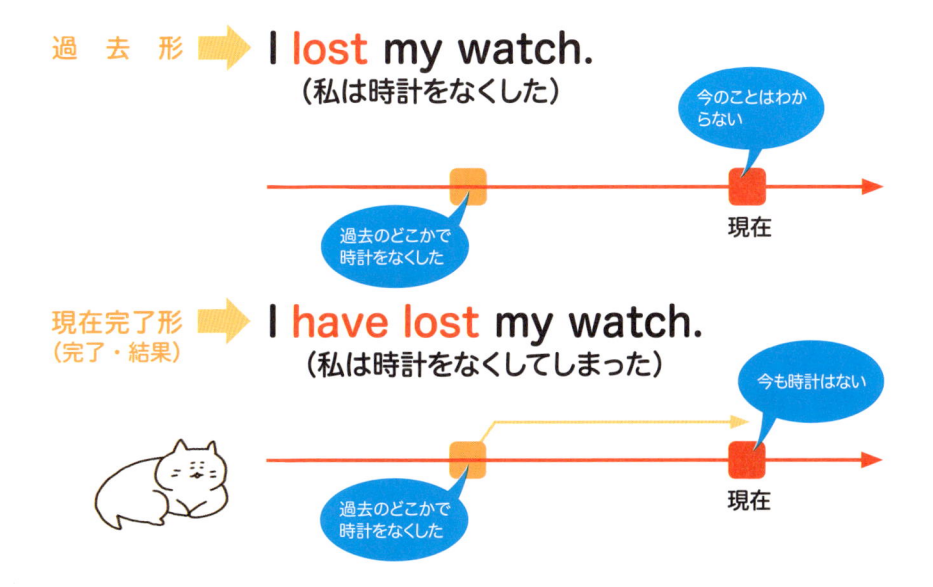

過去形 ➡ **I lost my watch.**
（私は時計をなくした）

今のことはわからない

過去のどこかで時計をなくした　現在

現在完了形（完了・結果）➡ **I have lost my watch.**
（私は時計をなくしてしまった）

今も時計はない

過去のどこかで時計をなくした　現在

LESSON 28　現在完了形（継続）

私は京都に10年間ずっと住んでいる
I have lived in Kyoto for ten years.

Point!
「ずっと〜している」は「have + 過去分詞」

「ずっと〜している（継続）」は「have + 過去分詞」で表します。

主語			動詞
私は	京都に	10年間	ずっと住んでいる

ずっと〜している：have + 過去分詞

→ **have lived**

live（住む）の過去分詞は、lived

語順に注意しましょう

主語　動詞
I **have lived** in Kyoto for ten years.

現在完了形（継続）とともに使うことの多い表現

「ずっと〜している」とともに「since + 起点」「for + 期間」という表現がよく用いられ、いずれも文末に置きます。覚えておきましょう。

❶ since 2011	2011年から	❹ for ten years	10年間
❷ since yesterday	昨日から	❺ for a month	1か月間
❸ since last year	昨年から	❻ for a long time	長い間

● since ＋ 起点

例 since 2011 (2011年から)

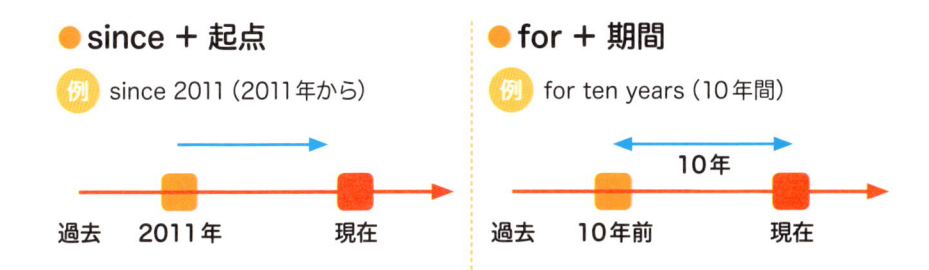

過去　2011年　　現在

● for ＋ 期間

例 for ten years (10年間)

10年

過去　10年前　　現在

現在完了形（継続）

Check!
「ずっと～している」は「過去から現在まで」

「ずっと～している」という現在完了形（継続）の文からは、ある状態が「過去」から「現在」までずっと続いていることがわかります。

例 **I have been** sick since yesterday.
（私は昨日からずっと病気です）

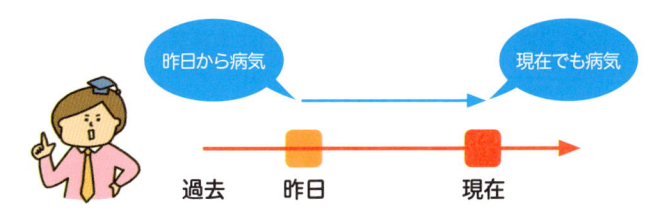

昨日から病気　　現在でも病気

過去　昨日　　現在

練習問題 Question!

次の日本語を英語になおしなさい。

1　彼はちょうどその仕事を終えた　　（ヒント…仕事：work／終える：finish）
2　彼女は10年間ずっと英語を勉強している　　（ヒント…10年間：for ten years／勉強する：study）
3　彼女は私を知っていた　　（ヒント…知っている：know）
4　私はもう宿題を終えてしまった　　（ヒント…宿題：homework）
5　彼女は昨日から病気です　　（ヒント…病気の：sick）

答え：1　He has just finished the work.　2　She has studied English for ten years.
　　　3　She knew me.　4　I have already finished my homework.
　　　5　She has been sick since yesterday.

LESSON 29　現在完了形（経験）

私は一度オーストラリアを訪れたことがある
I have visited Australia once.

Point!
「～したことがある」は「have ＋ 過去分詞」

「～したことがある（経験）」は「have ＋ 過去分詞」で表します。

主語		目的語	動詞
私は	一度	オーストラリアを	訪れたことがある

～したことがある：
have ＋ 過去分詞

have visited

visit（訪れる）の過去分詞は、visited

主語	動詞	目的語	
I	have visited	Australia	once.

現在完了形（経験）とともに使うことの多い表現

「～したことがある」とともによく用いられる表現があります。覚えておきましょう。

❶ once（一度）、many times（何度も）	文末に置く
❷ often（しばしば）、never（一度も～ない）	haveと過去分詞の間に置く

Check!
「〜したことがある」は「過去から現在へのつながり」

「〜したことがある」の文からは、（すこし強引な解釈ですが）過去に経験したお陰で今の自分があるということがわかります。すなわち、現在完了形（経験）は、過去から現在へのつながりを表しています。

例 **I have climbed Mt. Fuji once.**
（私は一度、富士山に登ったことがある）

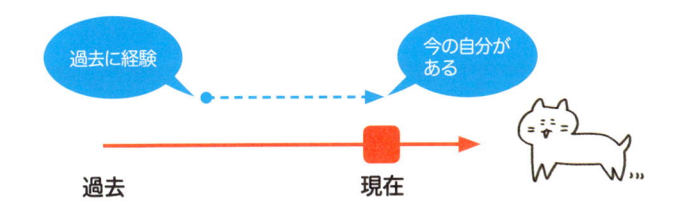

現在完了形はすべて「過去から現在」

「〜してしまった、〜したところだ（完了・結果）」「ずっと〜している（継続）」「〜したことがある（経験）」はすべて、「have ＋ 過去分詞」で表しました。

なぜ、まったく違う表現なのに、同じ「have ＋ 過去分詞」で表すのでしょうか。それは今まで学習したように、すべての表現が「過去から始まって現在に至った状況を表している」という共通点があるためです。英語を話す人々は、この共通点をもって、同じ表現としているのです。

練習問題 Question!

次の日本語を英語になおしなさい。

1　私はこの本を一度読んだことがある
2　私はアメリカに何度も行ったことがある
3　私はコアラを一度も見たことがない　　(ヒント…コアラ：koala)

答え：1　I have read this book once.　2　I have been to America many times.
3　I have never seen koalas.

LESSON 30 現在分詞❶

テレビを見ている少年
the boy watching TV

Point!
「〜している（1語）＋名詞」は「動詞のing形＋名詞」

「〜している」は「be動詞 + 動詞のing形」で表しました（⇒20ページ）。しかし、名詞とセットで使われる「〜している」は、「動詞のing形」だけで表します。「〜している」の部分が1語だと「動詞のing形 + 名詞」の語順になります。このときの「〜している」を現在分詞といいます。

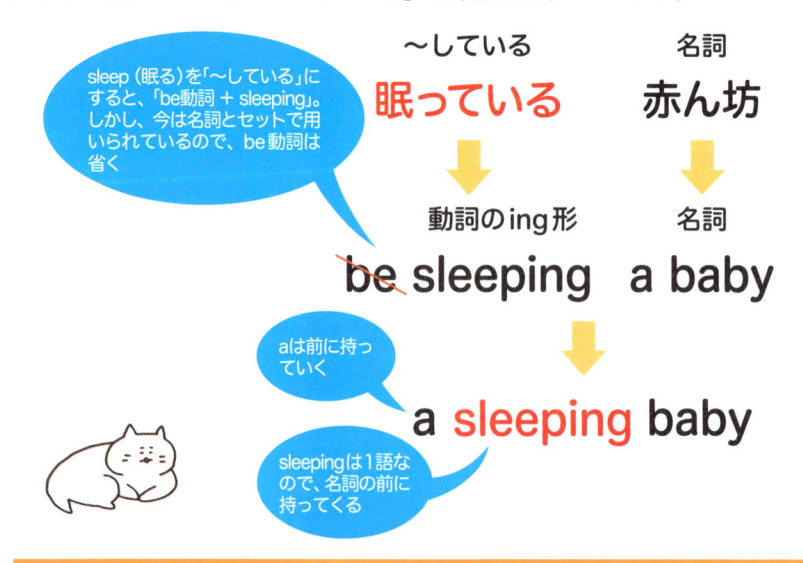

```
        〜している       名詞
        眼っている      赤ん坊
           ↓            ↓
        動詞のing形     名詞
        be̶ sleeping    a baby
                ↓
            a sleeping baby
```

sleep（眠る）を「〜している」にすると、「be動詞 + sleeping」。しかし、今は名詞とセットで用いられているので、be動詞は省く

aは前に持っていく

sleepingは1語なので、名詞の前に持ってくる

「〜している（2語以上）＋名詞」は「名詞＋動詞のing形〜」

名詞とセットで使われる「〜している」は、2語以上だと「名詞 + 動詞のing形〜」の語順になります。

~を	どうする		~している		名詞
テレビを	見る		テレビを見ている		少年

英語では「~は」「どうする」「~を」の語順

どうする	~を
watch	TV

動詞のing形　be watching TV　　a boy

「be動詞＋動詞のing形~」の語順

テレビを見ている
be watching TV

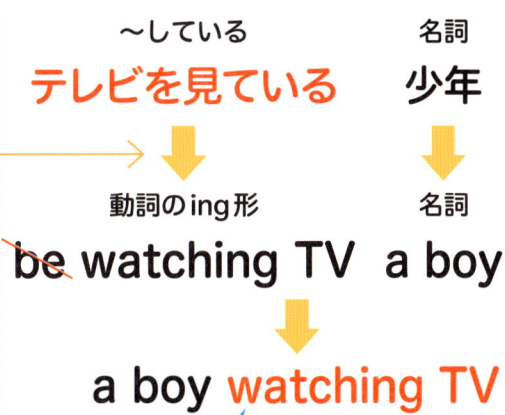

a boy watching TV

watching TVは2語なので、名詞の後に持ってくる

Point!
「～している…」は形容詞の限定用法と同じ働き

形容詞は、名詞を修飾します（⇒8ページ）。現在分詞も、形容詞と同じように名詞を修飾します。

形容詞 ➡ a **beautiful** flower
　　　　　　　　↑
　　　　　どのような花なのかを説明

現在分詞 ➡ a boy **watching TV**
　　　　　　　↑
　　　　どのような少年なのかを説明

※次に学習する過去分詞も形容詞と同じ働きをします。

練習問題 Question!

（　）に適語を入れなさい。

1　the boy (　　)(　　) (＝英語を話している少年)
2　the girl (　　)(　　)(　　) (＝手を挙げている少女)
3　the (　　)(　　)(　　)(　　) (＝バイオリンを弾いている少年)

答え：1 speaking English　2 raising her hand　3 boy playing the violin

現在分詞①

LESSON 31　現在分詞❷

本を読んでいる少女はミカです
The girl reading a book is Mika.

Point!
文の要素を考えれば現在分詞は難しくない

例文のように、現在分詞が使われている文は複雑に見えますが、文の要素を考えればさほど難しくありません。例文の日本語を、文の要素を考えながら英語になおしてみましょう。

主語	補語	です
本を読んでいる少女は	ミカ	です

これで、ひとかたまりと考える

↓

動詞のing形		名詞
~~be~~ reading	a book	the girl
読んでいる	本を	少女

↓ 2語以上なので「名詞＋動詞のing形〜」の語順

the girl reading a book

↓

主語	補語
The girl reading a book	is Mika.

Check! 動詞のing形の3種類のまとめ

今まで勉強してきた3種類の動詞のing形を復習しましょう。

●現在進行形（〜している＝be動詞＋動詞のing形）

動詞の位置にきます（⇒20ページ）。

主語　　　　動詞　　　　　　　目的語

I　　**am watching**　TV.

　　　be動詞＋動詞のing形
　　　　　（〜している）

（私はテレビを見ています）

●動名詞（〜すること＝動詞のing形）

主語、目的語、補語になります（⇒50ページ）。

主語　動詞　　　　目的語

I　like　**watching**　TV．

　　　　　動詞のing形
　　　　　（〜すること）

（私はテレビを見ることが好きです）

文の要素も意識しましょう

●現在分詞（〜している＋名詞　＝動詞のing形＋名詞／名詞＋動詞のing形〜）

名詞とセットで用いられ、形容詞と同じ働きをします。1語の場合は名詞の前、2語以上の場合は名詞の後に持ってきます。

　　　　　　　　主語　　　　　　　　　　補語

The boy watching TV　is　Ken.

　名詞　　　動詞のing形
　　　　（〜している＋名詞）

（テレビを見ている少年はケンです）

LESSON 32 過去分詞❶

ケンによって壊された窓
the window broken by Ken

Point!
「〜された（1語）＋名詞」は「過去分詞＋名詞」

「〜される」は「be動詞＋過去分詞」で表しました（⇒62ページ）。名詞とセットで使われる「〜された」は、「過去分詞」だけで表します。「〜された」の部分が1語だと「過去分詞＋名詞」の語順になります。

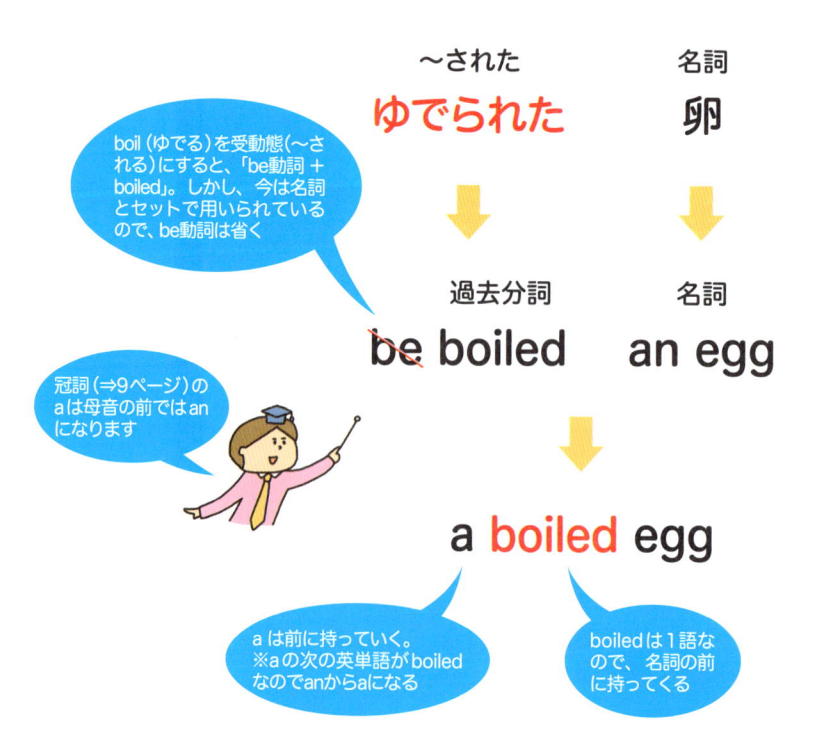

〜された　　　名詞
ゆでられた　　卵

⬇　　　　　　⬇

過去分詞　　　名詞
~~be~~ boiled　　an egg

> boil（ゆでる）を受動態（〜される）にすると、「be動詞＋boiled」。しかし、今は名詞とセットで用いられているので、be動詞は省く

⬇

a **boiled** egg

> 冠詞（⇒9ページ）のaは母音の前ではanになります

> aは前に持っていく。※aの次の英単語がboiledなのでanからaになる

> boiledは1語なので、名詞の前に持ってくる

「〜された（2語以上）＋名詞」は「名詞＋過去分詞〜」

名詞とセットで使われる「〜された」は、2語以上だと「名詞＋過去分詞〜」の語順になります。

〜された　　　　　　　　　名詞
ケンによって壊された　　　**窓**

過去分詞　　　　　　　名詞
~~be~~ broken by Ken　the window

the window broken by Ken

broken by Ken は2語以上なので、名詞の後に持ってくる

〜によって　　〜された
ケンによって　壊された

by〜　　　be＋過去分詞
by Ken　be broken

「be＋過去分詞＋by〜」の語順

be broken by Ken

break（壊す）の過去分詞はbroken

練習問題 Question!

（　）に適語を入れなさい。

1　the language (　　) in America（＝アメリカで話されている言葉）
2　the picture (　　)(　　)(　　)（＝彼女によって撮られた写真）

答え：1 spoken　2 taken by her

LESSON 33 過去分詞❷

これは次郎によって書かれた手紙です
This is the letter written by Jiro.

Point!
文の要素を考えれば過去分詞は難しくない

例文のように、過去分詞が使われている文は複雑に見えますが、文の要素を考えればさほど難しくありません。例文の日本語を、文の要素を考えながら英語になおしてみましょう。

主語	補語	です
これは	次郎によって書かれた手紙	です

これで、ひとかたまりと考える

	過去分詞		名詞
	~~be~~ written	by Jiro	the letter
	書かれた	次郎によって	手紙

2語以上なので「名詞 ＋ 過去分詞〜」の語順

the letter written by Jiro

主語		補語
This	is	the letter written by Jiro .

Check! 過去分詞の3種類のまとめ

今まで勉強してきた3種類の過去分詞を復習しましょう。

●受動態（〜される＝be動詞＋過去分詞）

動詞として使われます（⇒62ページ）。

主語　　　　　動詞

Japanese　is spoken　in Japan.

　　　　　be動詞＋過去分詞　　　（日本では日本語が話される）
　　　　　　（〜される）

●現在完了形（〜してしまった、など＝have＋過去分詞）

動詞として使われます（⇒66〜71ページ）。

主語　動詞　　　　　目的語

I　have lost　his watch.

　　have＋過去分詞　　　　（私は彼の時計をなくしてしまった）
　（〜してしまった、など）

文の要素も意識しましょう

●過去分詞（〜された＋名詞＝過去分詞＋名詞／名詞＋過去分詞〜）

名詞とセットで使われ、形容詞と同じ働きをします。

主語　　　　　　　補語

This　is　the camera made in Japan.

　　　　　　名詞　　　　　　過去分詞
　　　　　（〜された＋名詞）

（これは日本で作られたカメラです＝これは日本製のカメラです）

LESSON 34　関係代名詞（日本語）

これは私が昨日買った本です

Point!
日本語の2文を1文にできるようにする

(A) これは本です
(B) 私は昨日その本を買いました

　上の2文を1文にしてみましょう。
　（B）は、（A）の本がどのような本なのかを説明します。「本」は名詞なので、（B）は文全体で形容詞のような働きをするといえます。名詞を修飾する語を形容詞といいました（⇒30ページ）。

　　　　　　　　　名詞
(A) これは　　本　　です
　　　　　　　↑　　　　　　　形容詞のような働き
　　どのような本なの
　　かを説明　　　　| (B) 私は昨日その本を買いました |

　形容詞は、日本語では名詞の「前」に置くので、形容詞のような働きをしている（B）を、「本（名詞）」の「前」に挿入します。

　　　　　　　　　　　　　　　　　　　　　　　　名詞
これは　| 私は昨日その本を買いました |　本　です

　このままでは日本語としておかしいので、挿入した（B）を修正する必要があります。
　具体的には（B）の文から、重複する「その本を」を削除し、あとは文を整えると、（A）（B）の2文を1文にできます。

これは ｜私は昨日 その本を 買いました｜ 本 です

(「その本を」が重複するので削除) 　名詞

→ 日本語を整える

これは**私が昨日買った**本です

Point!
1文を日本語で2文に分解できるようにする

(C) 手を挙げている少年はケンです

（C）を2文に分解してみましょう。

「手を挙げている」は、どのような少年なのかを説明していて、形容詞のような働きをしています。

形容詞のような働き　　　名詞

｜手を挙げている｜　**少年**は　ケンです

どのような少年なのかを説明

先ほどの（B）は、形容詞のような働きをしている文でした。同様に（C）も、（D）（E）のように文を分けることができます（四角で囲われた部分とそれ以外の2文に分けます）。

(D) 少年はケンです　← 主となる文
(E) 手を挙げている　← 形容詞のような働きをしている文

ただ、（E）には主語がなく、文として成立していません。（E）は「少年」を説明している文なので、「その少年」を加えれば、「（E'）その少年は手を挙げている」となります。

練習問題 Question!

2文を1文にしなさい。

1　「女性はクミコです」「あなたは、その女性を空港で見ました」

答え：1　あなたが空港で見た女性はクミコです

LESSON 35 関係代名詞（主格）

歌を歌っている少女はマキです

The girl who is singing a song is Maki.

Point!
2文を1文にできるようにする（主格）

(A) The girl is Maki.（その少女はマキです）
(B) The girl is singing a song.（その少女は歌を歌っています）

　(B)は、(A)のthe girlがどのようなthe girlなのかを説明します。the girlは名詞なので、(B)は文全体で形容詞のような働きをするといえます。

名詞
(A) The girl is Maki.

形容詞のような働き
(B) The girl is singing a song.

どのようなthe girlなのかを説明

　この2文を1文にしてみましょう。手順は80ページとほぼ同じです。
　まずは(B)を(A)に挿入します。(B)は2語以上で長いので、名詞の「後」に置きます。

2語以上なので名詞の「後」

名詞
The girl the girl is singing a song **is Maki.**

これでは英語としておかしいので、次に挿入した（B）を修正します。
　具体的には、まず（B）の文で、主語、動詞、目的語のうち、どれが（A）の文と重複しているのかを見ます。主語の位置に重複している言葉があれば、それを「who」「which」のどちらかに置き換えます。
　who、whichを関係代名詞といいます。

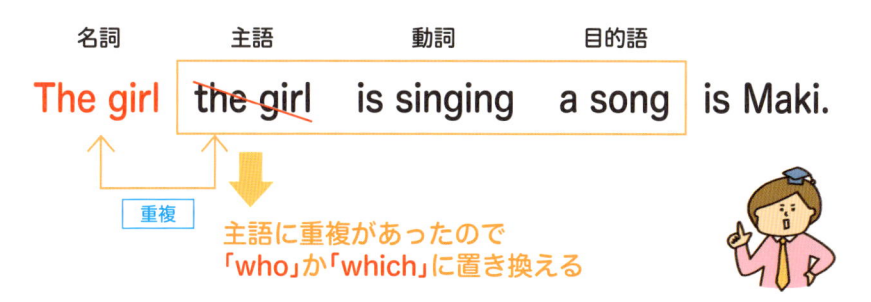

名詞　　　　主語　　　　　動詞　　　　　目的語
The girl　the girl　is singing　a song　is Maki.

重複

主語に重複があったので
「who」か「which」に置き換える

では「who」と「which」のどちらで置き換えればいいのでしょうか。使い分けるには、置き換える名詞に着目します。名詞が「人」なら「who」、「人以外（物・動物）」なら「which」を使います。例文のthe girlは「人」なので、whoになります。
　よって「The girl who is singing a song is Maki.（歌を歌っている少女はマキです）」となります。
　なお、関係代名詞節で説明される名詞を「先行詞」といいます。

練習問題 Question!

2文を1文にし、さらにそれを日本語になおしなさい。

1　The boy is Taro.　The boy is playing the piano.
　（その少年はタロウです。その少年はピアノを弾いています）
2　The book is interesting.　The book was written by Soseki.
　（その本はおもしろい。その本は漱石によって書かれました）
3　The girl is Aki.　The girl is raising her hand.
　（その少女はアキです。その少女は手を挙げています）

答え：1　The boy who is playing the piano is Taro.（ピアノを弾いている少年はタロウです）
　　　2　The book which was written by Soseki is interesting.（漱石によって書かれた本はおもしろい）
　　　3　The girl who is raising her hand is Aki.（手を挙げている少女はアキです）

LESSON 36　関係代名詞（目的格）

これは私がなくした時計です
This is the watch which I lost.

Point!
2文を1文にできるようにする（目的格）

(A) This is the watch.（これは時計です）
(B) I lost it.（私はそれをなくしました）

2文を1文にしてみましょう。手順は80ページと同じです。
(B)は、(A)のthe watchがどのようなthe watchなのかを説明するので、(B)を(A)に挿入します。
(B)は2語以上なので、(A)の名詞の「後」に置きます。

　　　　　　　　　　　名詞　　形容詞のような働き

This is　the watch　I lost it　.

「it = the watch」となる

どのようなthe watchなのかを説明

2語以上なので名詞の「後」

これでは英語としておかしいので、挿入した(B)を修正します。
具体的には、まず(B)の文で、主語、動詞、目的語のうち、どれが(A)の文と重複しているのかを見ます。目的語の位置に重複している言葉があれば、それを「whom」「which」のどちらかに置き換えます。
whom、whichも関係代名詞です。

```
              名詞        主語    動詞   目的語
           (先行詞)
This is   the watch    I    lost    it  .
```

重複

目的語に重複があったので
「whom」か「which」に置き換える

　では「whom」と「which」のどちらで置き換えればいいのでしょうか。使い分けるために、先行詞に着目します。先行詞が「人」なら「whom」、「人以外（物・動物）」なら「which」を使います。例文のthe watchは「物」なので、whichになります。最後に、whichを四角の中の先頭に持ってきます。

　なお、主格の関係代名詞（⇒82ページ）でも、whoもしくはwhichを四角の中の先頭にする必要がありますが、そもそも最初からこの位置にあるので、手順を省いています。

```
              名詞        主語    動詞    目的語
           (先行詞)
This is   the watch    I    lost   which  .
```

先頭に持っていく

This is the watch which I lost.
（これは私がなくした時計です）

Check! 関係代名詞のまとめ

先行詞	主　格	目的格
人	who	whom
人以外（物・動物）	which	which

※目的格の関係代名詞は省略することもできます。
※thatは「人、人以外」「主格、目的格」のいずれの場合にも使えます。
　とくにall、everything、「the firstなど ＋ 名詞」が先行詞のときはthatを使います。

LESSON 37　関係代名詞（まとめ）

彼女がパーティーで会った男性は私の叔父です
The man whom she met at the party is my uncle.

Point!
関係代名詞のある英語にするには日本語を2文に分ける

　「彼女がパーティーで会った男性は私の叔父です」を英語にするには、どうすればいいのでしょうか。
　まずはこの文が、どういう文なのかを考えます。
　「彼女がパーティーで会った」の部分は、どのような男性なのかを説明していて、形容詞のような働きをしていることがわかります。

形容詞のような働き
| 彼女がパーティーで会った | 　　**男性**は私の叔父です

名詞

どのような男性なのかを説明

　このような文は、主となる部分と、形容詞のような働きをする部分の2文（四角で囲われた文とそれ以外の文）に分けることができます（⇒81ページ）。

(A) 男性は私の叔父です　　　← 主となる文
(B) 彼女がパーティーで会った　← 形容詞のような働きをしている文

（B）は、このままでは文として成立しないので、「（B'）彼女はその男性にパーティーで会った」とします。
　次に、（A）と（B'）を英語になおします。

(A)　The man is my uncle.
(B')　She met him at the party.

　あとは84ページのように、この2文を1文にします。
　具体的には、（B'）を（A）に挿入します。挿入する位置は、（B'）はどのようなthe manなのかを説明しているので、the manの直後です。
　また、重複しているのは目的格、先行詞は人なので、whomを使います。

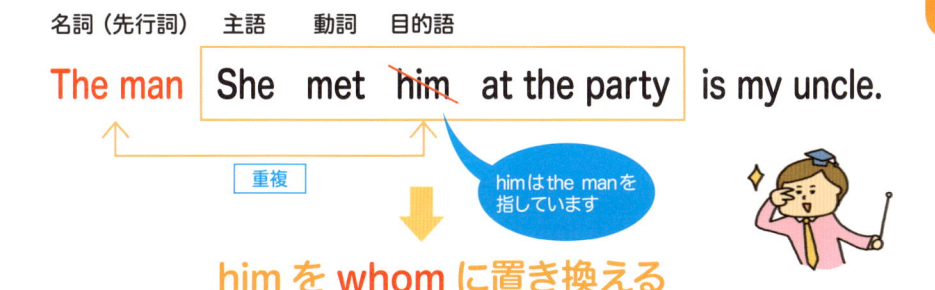

名詞（先行詞）　主語　動詞　目的語

The man | She　met　him　at the party | is my uncle.

重複

himはthe manを指しています

him を whom に置き換える

　あとは、whomを四角の中で先頭に持ってきて、「The man whom she met at the party is my uncle.」とすれば完成です。
　例文のような表現を英語になおすのは、このように、手順がかなり複雑で難しそうですが、慣れてくればこのような手順を踏まなくても簡単にできるようになります。

練習問題 Question!

2文を1文にし、さらにそれを日本語になおしなさい。

1　The bag is nice. She wants to buy the bag.
　（そのカバンはすてきです。彼女はそのカバンを買いたい）

答え：1　The bag which she wants to buy is nice.（彼女が買いたいカバンはすてきです）

復習テスト ❷

Q1.
He uses this car.

1. 英文を「〜したい」の形に変えなさい。
2. ❶の文に「そこに行くために」を挿入しなさい。
3. 英文を受動態「〜される」の形に変えなさい。

Q2.
To play the violin is difficult.

1. 英文を日本語になおしなさい。
2. 英文を動名詞を使って表しなさい。
3. 英文を It を使って表しなさい。
4. ❸の文に「私にとって」を挿入しなさい。

Q3.
This book is heavy.

1. 英文を原級「あの本と同じくらい〜」を使って表しなさい。
2. 英文を比較級「あの本よりも〜」を使って表しなさい。
3. 英文を最上級「私の本の中で最も〜」を使って表しなさい。

Q4.
I read this book.

1. 英文を「すでに〜してしまった」を使って表しなさい。
2. 英文を「昨年からずっと〜している」を使って表しなさい。
3. 英文を「一度も〜したことがない」を使って表しなさい。

Q5.
The boy playing the piano is Ken.

1. 英文を日本語になおしなさい。
2. 英文を関係代名詞を使って表しなさい。

解答

Q1.
1. He wants to use this car. → 40 ページ
   (彼はこの車を使いたい)
2. He wants to use this car to go there. → 44 ページ
   (彼はそこに行くためにこの車を使いたい)
3. This car is used by him. → 62 ページ
   (この車は彼によって使われる)

Q2.
1. バイオリンを弾くことは難しい → 40 ページ
2. Playing the violin is difficult. → 50 ページ
3. It is difficult to play the violin. → 46 ページ
4. It is difficult for me to play the violin. → 47 ページ

Q3.
1. This book is as heavy as that one. → 36、54 ページ
   (この本はあの本と同じくらい重い)
2. This book is heavier than that one. → 36、56 ページ
   (この本はあの本よりも重い)
3. This book is the heaviest of mine. → 35、58 ページ
   (この本は私の本の中で最も重い)

Q4.
1. I have already read this book. → 66 ページ
   (私はすでにこの本を読んでしまった)
2. I have read this book since last year. → 68 ページ
   (私は昨年からずっとこの本を読んでいる)
3. I have never read this book. → 70 ページ
   (私は一度もこの本を読んだことがない)

Q5.
1. ピアノを弾いている少年はケンです → 74 ページ
2. The boy who is playing the piano is Ken. → 82 ページ

LESSON 38　前置詞（時）

彼は7時までテレビを見た
He watched TV until seven.

Point!
時を表す前置詞はしっかり覚えておこう

　例文の日本語を英語になおすと「He watched TV seven.」としてしまうかもしれません。しかし「7時まで」は「7時までずっと」なので、sevenの前に「〜までずっと」を示す言葉を置く必要があります。その言葉を前置詞といいます（⇒9ページ）。

　では、どんな前置詞を使えばいいのでしょう。

　右ページから、「7時までずっと」を表せそうな前置詞を探してください。すると「until」だとわかり、「until seven（7時までずっと）」になります。ちなみに、「until seven」のように、前置詞を使った言葉は文の「後」に置かれやすいので、文全体では「He watched TV until seven.」になります。

主語		目的語	動詞
彼は	7時まで	テレビを	見た

主語	動詞	目的語	
He	watched	TV	until seven.

「7時まで」をどこに置くのかわからなくても「主語＋動詞＋目的語」の順番はいつもと同じです

前置詞が使われている言葉は後に持ってこられやすい

前置詞は右ページの図のようなイメージで覚えてしまいましょう。

Check! 前置詞はイメージで覚える

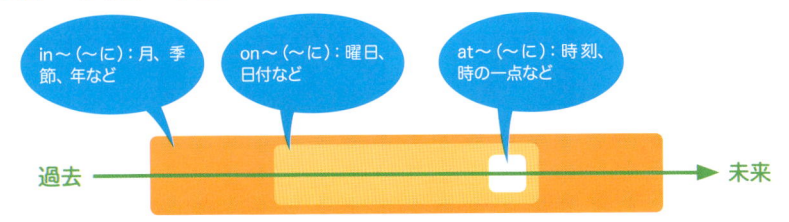

● in 〜、on 〜、at 〜

- in〜（〜に）：月、季節、年など
- on〜（〜に）：曜日、日付など
- at〜（〜に）：時刻、時の一点など

過去 ──────────────→ 未来

例 in winter（冬に）、on Sunday（日曜日に）、at 10 a.m.（午前10時に）

● until 〜、by 〜

例 until seven

until〜（〜までずっと）：継続

7時までずっと

例 by seven

by〜（〜までに）：期限

7時までならいつでもいい（5時でも6時でもいい）

例 until six（6時までずっと）、by next Monday（次の月曜日までに）

● for 〜、during 〜など

for + 数字	〜の間	（例）for three weeks（3週間）
during + 特定期間	〜の間	（例）during the summer（夏の間）
after 〜	〜の後	（例）after lunch（昼食の後）
before 〜	〜の前	（例）before six o'clock（6時前に）
within 〜	〜以内に	（例）within an hour（1時間以内に）

練習問題 Question!

【　】を英語になおしなさい。

1　私は【月曜日に】神戸に行った
2　彼は【7時に】学校に行く

答え：1 on Monday　2 at seven (o'clock)

LESSON 39　前置詞（場所・方向）

彼は公園で走っていた
He was running in the park.

Point!
場所・方向を表す前置詞はイメージをつかもう

　例文の日本語を英語になおすと「He was running the park.」としてしまうかもしれません。しかし、この場合の「公園で」は「公園の中のどこかで」なので、the parkの前に「～の中のどこか」を示す「前置詞」を置く必要があります。

　では、どんな前置詞を使えばいいのでしょうか。

　右ページの図から、「公園の中のどこか」を表せそうな前置詞を探してください。すると「in」だとわかります。よって、「in the park（公園で）」となり、文全体では「He was running in the park.」になります。

　このように前置詞は、図などでイメージできれば理解しやすくなります。

主語		動詞
彼は	公園で	走っていた

主語	動詞	
He	was running	the ~~park~~.

「公園（の中）で」をどこに置くのかわからなくても「主語＋動詞～」の順番はいつもと同じです

前置詞がある言葉は後に置かれやすい

↓

前置詞の in ＋ the park

Check! 前置詞はイメージで覚える

● in 〜、at 〜、into 〜、out of 〜

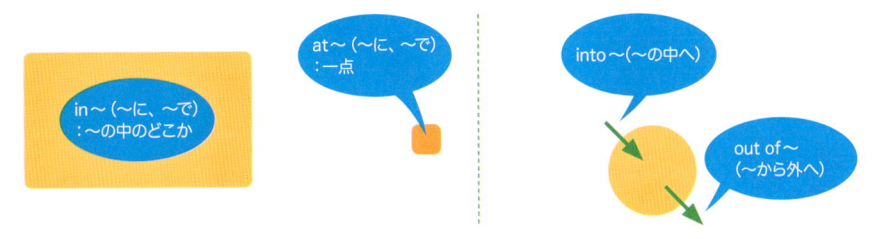

- in〜（〜に、〜で）：〜の中のどこか
- at〜（〜に、〜で）：一点
- into〜（〜の中へ）
- out of〜（〜から外へ）

例 in Tokyo（東京で）、at the station（駅で）、into the store（店の中へ）、out of the kitchen（台所から）

● over 〜、on 〜、under 〜

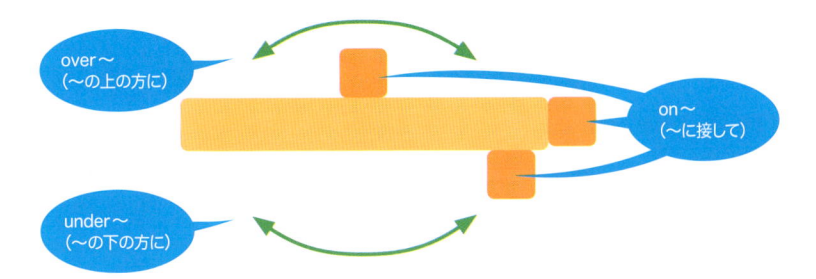

- over〜（〜の上の方に）
- on〜（〜に接して）
- under〜（〜の下の方に）

例 over my head（私の頭上に）、on the table（テーブルに）、under the desk（机の下に）

● between A and B、among 〜

- between A and B（AとBの間に）
- among〜（〈3つ以上〉〜の間に）

例 between Ken and John（ケンとジョンの間に）、among the boys（少年たちの間に）

LESSON 40 文型（第1文型、第3文型）

私たちはこの計画について議論した
We discussed this plan.

Point!
第1文型は「主語＋動詞」の語順

主語と動詞しかない文では、日本語も英語も「主語＋動詞」の語順になります。文の要素がこの語順で並んでいる文を、「第1文型の文」といいます。

日本語 ➡ 彼女は（〜は、〜が）　ほほえんだ（どうする）

　　　　　　　主語　　　　　　動詞

英　語 ➡ She　smiled.

Point!
第3文型は「主語＋動詞＋目的語」の語順

日本語の語順では「主語＋目的語＋動詞」ですが、英語では「主語＋動詞＋目的語」になります。英語の「主語＋動詞＋目的語」の文を「第3文型の文」といいます。

日本語 ➡ 彼は（〜は、〜が）　タバコを吸うことを（〜を、〜に）　やめた（どうする）

　　　　　　　主語　　　　　　　　目的語　　　　　　　動詞

英　語 ➡ He　stopped　smoking.

　　　　　　主語　　　動詞　　　目的語

Check! 日本語につられてはいけない動詞

10ページで「〜を」「〜に」にあたる語は「目的語」、と学習しましたが、中にはこの定義に当てはまらないものもあります。また、前置詞（⇒90ページ）が必要に見えてじつは不要なものもあります。

そこで、とくに混同されやすい動詞を紹介するので、覚えておきましょう。

動詞	意味	ポイント
❶ like + ●	●が好きだ	「●が」でも目的語
❷ want + ●	●が欲しい	「●が」でも目的語
❸ discuss + ●	●について議論する	「about 〜（〜について）」は不要
❹ marry + ●	●と結婚する	「with 〜（〜と）」は不要
❺ approach + ●	●に接近する	「to 〜（〜に）」は不要
❻ enter + ●	●に入る	「into 〜（〜の中に）」は不要
❼ attend + ●	●に出席する	「to 〜（〜に）」は不要

※● ＝ 目的語

主語	動詞	目的語
He	likes	apples.
彼は	好きだ	リンゴ が

主語	動詞	目的語
We	discussed	this plan.
私たちは	議論した	この計画 について

「〜を」「〜に」ではありませんが目的語です

練習問題 Question!

間違いのある英文を指摘しなさい。

1　He entered into the shop.（＝彼は店の中に入った）
2　I attended the meeting.（＝私は会議に参加した）
3　He married with her.（＝彼は彼女と結婚した）

答え：1 into は不要　2 間違いはありません　3 with は不要

LESSON 41 文型（第2文型）

彼女は幸せに見える
She looks happy.

Point!
第2文型は「主語 + be動詞 + 補語」の語順

　本書では「補語は『主語』と『です』ではさまれた語」と説明しています（⇒11ページ）が、注意すべき点もあります。

　それは、「です」がない日本語の文でも、「です」をつけてみて違和感がなければ文に補語があったり、「〜だ」のように「です」とほぼ同じ意味の言葉があるときも文に補語があったりすることです。

　また、例外として「好きです」「嫌いです」は「です」がついていますが、補語はありません。

	主語	補語	です
日本語 ➡	彼女は	幸せ	だ

「〜だ」は「〜です」と同じとみなす

	主語	be動詞	補語
英　語 ➡	She	is	happy.

	主語	目的語	動詞
日本語 ➡	私は	オレンジが	好きです

「〜が」だが、目的語

「〜です」が動詞（補語はない）

	主語	動詞	目的語
英　語 ➡	I	like	oranges.

なお、英語では「主語 + be動詞 + 補語」の語順の文を「第2文型の文」といいます。第2文型の文では「主語」と「補語」に「=（イコール）」の関係があります。

● 第2文型

主語　be動詞　補語
She　is　happy.

She（彼女）= happy（幸せ）

● 第3文型

主語　動詞　目的語
I　like　oranges.

I（私）≠ oranges（オレンジ）

Check!
第2文型には「主語 + 動詞 + 補語」もある

「彼女は幸せに見える」は、「彼女は幸せ」に「に見える」がついただけです。このように第2文型の文に「〜に見える」「〜になる」などの言葉が加わることがあります。

このような文を英語になおす場合は、be動詞の代わりに、look（〜に見える）などの動詞を使います。

主語　be動詞　補語
She　is　happy.

主語	補語	です
彼女は	幸せ	（です）

⬇ Change!

主語　動詞　補語
She　looks　happy.

主語	補語	動詞
彼女は	幸せ	に見える

● 第2文型でbe動詞の代わりに使われる動詞の例

❶ become 〜	〜になる	❸ look 〜	〜に見える
❷ get 〜	〜になる	❹ grow 〜	〜になる

LESSON 42 文型（第4文型）

彼は私に新しいペンをくれた
He gave me a new pen.

Point!
第4文型は「主語 + 動詞 + 目的語（人）+ 目的語（物）」の語順

　日本語の語順は「主語 + 目的語（人）+ 目的語（物）+ 動詞」ですが、英語では「主語 + 動詞 + 目的語（人）+ 目的語（物）」になります。この語順の文を「第4文型の文」といいます。

　　　　　　　　主語　　目的語（人）　　目的語（物）　　　　動詞
日本語 ➡　　　彼は　　私に　　　　新しいペンを　　くれた

　　　　　　　　主語　　動詞　　　　　目的語（人）　　目的語（物）
英　語 ➡　　　He　gave　　　　　me　　　　a new pen.

2つの目的語を入れ換えるときは前置詞が必要

　日本語では「主語 + 目的語（人）+ 目的語（物）+ 動詞」でも、「主語 + 目的語（物）+ 目的語（人）+ 動詞」でも、どちらでも変わりませんが、英語では、目的語を入れ換えるときは前置詞が必要になります。

　　　　　　　主語　　目的語（人）　目的語（物）　　　　動詞
　　　　　　　彼は　　私に　　新しいペンを　　くれた
日本語 ➡
　　　　　　　主語　　目的語（物）　　目的語（人）　　動詞
　　　　　　　彼は　　新しいペンを　　私に　　くれた

英　語 ➡

　　　主語　　動詞　　目的語（人）　目的語（物）
　　　He　gave　me　a new pen.

　　　主語　　動詞　　目的語（物）　　　　目的語（人）
　　　He　gave　a new pen　前置詞　me.

どの前置詞を使うかは動詞によって異なります。
目安として、以下のポイントを押さえておきましょう。

❶「相手に届ける」系統の動詞は「to」
　例　give（与える）、tell（話す）、show（見せる）

❷「相手のためにする」系統の動詞は「for」
　例　buy（買う）、make（作る）、find（見つける）

　　主語　　動詞　　　目的語（物）　　　　目的語（人）
　　He　gave　a new pen　前置詞　me.
　　　　　　　giveなのでto　→　to

練習問題 Question!

問題文の指示に従って答えなさい。

1　「私は彼女に美しい花を買った」を英語になおしなさい。
2　1の文の目的語を入れ換えなさい。（前置詞を使います）
3　「彼は彼女にカバンをあげた」を英語になおしなさい。
4　3の文の目的語を入れ換えなさい。（前置詞を使います）
5　「彼女は若く見える」を英語になおしなさい。
　　（ヒント…若い：young）

答え：1 I bought her a beautiful flower.　2 I bought a beautiful flower for her.
　　　3 He gave her a bag.　4 He gave a bag to her.　5 She looks young.

文型（第4文型）

LESSON 43　文型（第5文型）

彼女は私を幸せにした
She made me happy.

> **Point!**
> 第5文型は「主語＋動詞＋目的語＋補語」の語順

例文で文の要素を考えてみてください。「happy」が何にあたるかわかるでしょうか。

主語	動詞	目的語	?
She	made	me	happy.
彼女は	〜にした	私を	幸せ
〜は	どうする	〜を	

このようなときは、目的語の「me」との関係を見てください。
happyと目的語のmeは「私は幸せである」、つまり「〜は…である」の関係です。この関係が成り立つため、happyは補語になります。

主語	動詞	目的語	補語
She	made	me	happy .

↓
私は幸せである

目的語と補語に「〜は…である」の関係が成立します

このように、語順が「主語＋動詞＋目的語＋補語」になっている文を「第5文型の文」といいます。

なお、第4文型は第5文型と形は似ていますが、第4文型では「〜は…である」の関係は成り立ちません。

第4文型	主語	動詞	目的語(人)	目的語(物)
	He	gave	me	a new pen .

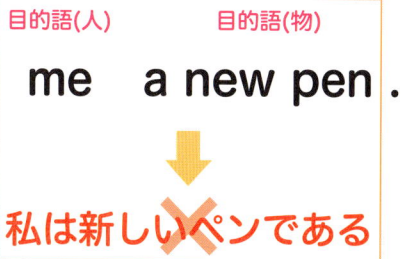

目的語2つに「〜は…である」の関係が成立しません

私は新しいペンである（×）

Check! 第5文型で使われる動詞

第5文型は、はじめは難しく感じるものです。まずは、第5文型によく使われる動詞を覚えてしまいましょう。

動　詞	意　味
❶ call ＋目的語＋補語	(目的語)を(補語)と呼ぶ
❷ name＋目的語＋補語	(目的語)を(補語)と名づける
❸ make＋目的語＋補語	(目的語)を(補語)にする
❹ keep ＋目的語＋補語	(目的語)を(補語)のままにする
❺ think＋目的語＋補語	(目的語)を(補語)と考える

練習問題 Question!

次の英文の文の要素を答え、さらにそれを日本語になおしなさい。

1　She made a cake.
2　She made him sandwiches.
3　She made me sad.

答え：1　主語：She、動詞：made、目的語：a cake ／彼女はケーキを作った
　　　2　主語：She、動詞：made、目的語：him、目的語：sandwiches
　　　　彼女は彼にサンドイッチを作った
　　　3　主語：She、動詞：made、目的語：me、補語：sad ／彼女は私を悲しませた

LESSON 44　接続詞①

私が訪れたとき、彼女は英語を勉強していた
When I visited her, she was studying English.

Point!
andなどの接続詞の使い方

「私はリンゴとオレンジが好きです」を英語になおしてみましょう。

「リンゴとオレンジが」が、ひとかたまりの目的語であることと、「AとB」は「A and B」を用いることの２点がわかれば簡単です。

　　　主語　　　　　目的語　　　　　　動詞
　　私は　｜リンゴとオレンジが｜　好きです

ひとかたまりで考える　　　　　AとB = A and B

　　　　apples and oranges

　　　I like apples and oranges.

では、こんどは「私が歌を歌い、彼女はピアノを弾いた」を英語になおしてみましょう。

これは、「私は歌を歌った」と「彼女はピアノを弾いた」の２文が「そして」で結びつけられているということがわかれば簡単です。

　主語　目的語　動詞　　　　　主語　　目的語　　動詞
｜私は　歌を　歌った｜　　｜彼女は　ピアノを　弾いた｜

　　　　　「そして」が２文を結びつけている

「I sang a song and she played the piano.」となります。

なお、andのような語を接続詞といいます。andはこのように語と語、文と文を結びつけます。andとともに、but（しかし）、or（それとも）の2語はよく使うので覚えておきましょう。

Point!
whenなどの接続詞の使い方

例文の日本語を英語になおしてみましょう。
「私は（彼女を）訪れた」「彼女は英語を勉強していた」の2文が「とき」で結ばれていること、「とき」は「when」を使うとわかれば簡単です。

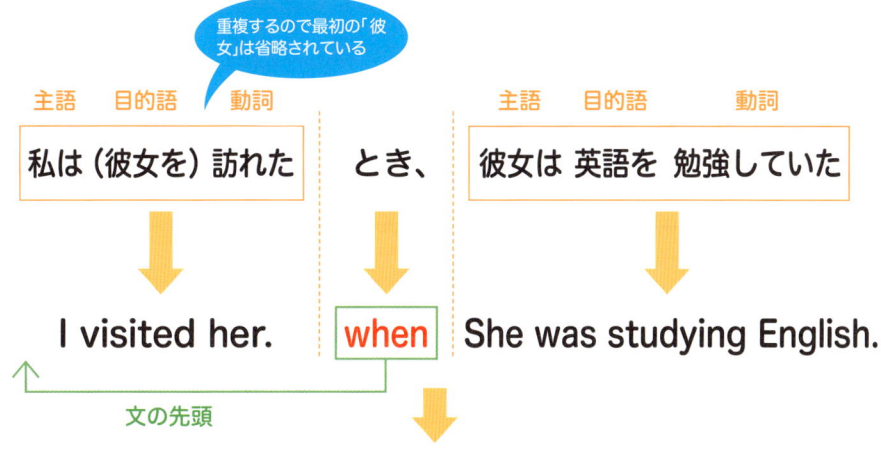

主語	目的語	動詞		主語	目的語	動詞
私は	（彼女を）	訪れた	とき、	彼女は	英語を	勉強していた

重複するので最初の「彼女」は省略されている

I visited her. when She was studying English.

↑ 文の先頭

When I visited her, she was studying English.

（コンマをつける）（小文字にする）

接続詞が文の先頭にくるときは、文の切れ目にコンマが必要になることに注意してください。なお、順序を入れ換えて接続詞が文の中に入るとコンマは不要で、「She was studying English when I visited her.」となります。

whenとともに、because～（～だから）、though～（～だけれども）、while～（～する間に）はよく使うので覚えておきましょう。

LESSON 45 接続詞❷

彼はお金持ちだと思った
I thought that he was rich.

Point!
接続詞のthat以下を塗りつぶして考える

「I know that he is honest.」を日本語になおすと、どうなるでしょう。まず、that〜を塗りつぶしてみましょう。そして「I know ■.」と、塗りつぶした「that he is honest」に分けて考えます。

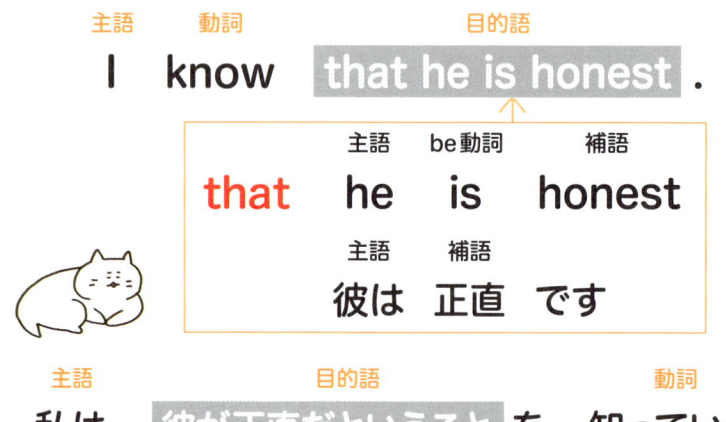

<u>主語</u>　<u>動詞</u>　　　　<u>目的語</u>
I　know　that he is honest．

　　　　　　<u>主語</u>　<u>be動詞</u>　<u>補語</u>
　　that　he　is　honest
　　　　　　<u>主語</u>　　　　<u>補語</u>
　　　　　　彼は　　正直　　です

<u>主語</u>　　　　<u>目的語</u>　　　　　　　<u>動詞</u>
私は　彼が正直だということ　を　知っている

あとは「that〜（〜ということ）」を知っていれば、「私は彼が正直だということを知っています」となります。このように、that〜がある文は、that〜を塗りつぶし、2文に分けて考えると簡単です。

ただ、そのつどこうしていると、英文を読むのに時間がかかりすぎるので、次ページの表をそのまま覚えてしまいましょう。

よく使う表現	意味
❶ I think that ~	~と思う
❷ I know that ~	~を知っている
❸ I hope that ~	~を望む
❹ I say that ~	~と言う
❺ I'm sure that ~	きっと~と思う
❻ I'm afraid that ~	~ではないかと心配する
❼ I'm glad that ~	~してうれしい

※thatは省略できます。

Check! 時制の一致に気をつけよう

例文の日本語を英語になおしてみましょう。

「~と思った」は「I think that~（~と思う）」の過去形なので、「I thought that~」になります。問題は「彼はお金持ちだ」です。普通に英語になおすと「He is rich.」なので「I thought that he is rich.」になると思いきや、これでは間違いになります。thoughtは過去形なので、that~も過去時制にして「he was rich」とする必要があります。

このように、時制を合わせることを「時制の一致」といいます。

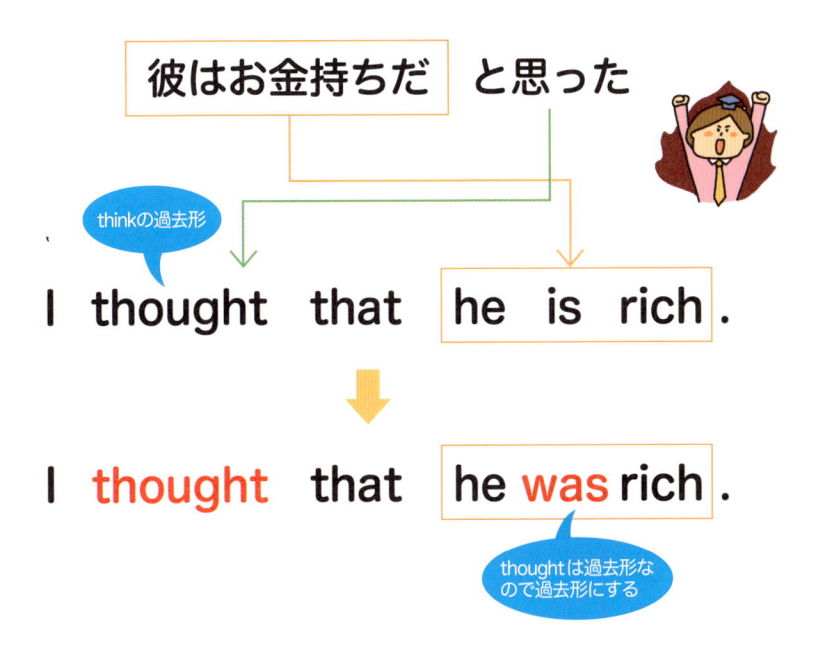

彼はお金持ちだ　と思った

thinkの過去形

I thought that he is rich.

↓

I thought that he was rich.

thoughtは過去形なので過去形にする

接続詞❷

105

LESSON 46　否定文（be動詞）

これは私のカバンではありません
This is not my bag.

Point!
be動詞の否定文はbe動詞の後にnotを入れる

「〜です」と肯定している文を肯定文、「〜ではありません」と否定している文を否定文といいます。

では、肯定文の「This is my bag.（これは私のカバンです）」を否定文にしてみましょう。

be動詞がある文を否定文にするには、be動詞の「後」にnotを入れます。これで、否定文「This is not my bag.（これは私のカバンではありません）」になります。

また、is notは、isn'tとも表せます。このような形のことを短縮形といいます。短縮形は、143ページにまとめていますので、参照してください。

	主語	be動詞	補語
肯定文 ➡	This	is	my bag.
	これは	私のカバン	です

	主語	be動詞 + not	補語
否定文 ➡	This	is not	my bag.
	これは	私のカバン	ではありません

短縮形 ⇒ 143ページ

Check! be動詞が過去形になっても否定文の作り方は同じ

「He was a doctor.（彼は医者でした）」を否定文にしてみましょう。過去形になっていても、すべきことは同じです。be動詞（過去形）の「後」にnotを入れます。これで、否定文「He was not a doctor.（彼は医者ではありませんでした）」になります。

	主語	be動詞（過去形）	補語
肯定文 ➡	He	was	a doctor.
否定文 ➡	He	was not	a doctor.

（短縮形⇒143ページ）

be動詞がある文の否定文の作り方はすべて同じ

「Japanese is spoken in this country.（この国では日本語が話されている）」を否定文にしてみましょう。

受動態になっていても先ほどと同じで、be動詞の「後」にnotを入れれば、否定文「Japanese is not spoken in this country.（この国では日本語が話されていない）」になります。

	主語	be動詞＋過去分詞（～される）	
肯定文 ➡	Japanese	is spoken	in this country.
否定文 ➡	Japanese	is not spoken	in this country.

「～によって」は省略
（短縮形⇒143ページ）

なお、現在進行形など、ほかのbe動詞がある文を否定文にするときも、同様にbe動詞の後にnotを入れます。

LESSON 47　否定文（一般動詞）

私は彼女の部屋を掃除しなかった
I did not clean her room.

Point!
一般動詞の否定文は動詞の前に「do not」を入れる

「I play baseball.（私は野球をする）」のように、一般動詞のある文を否定文にするには、動詞の前に「do not」を入れます。これで、否定文「I do not play baseball.（私は野球をしない）」になります。

肯定文 ➡

主語	動詞	目的語
I	play	baseball.
私は	野球を	する

（主語・目的語・動詞）

否定文の短縮形は143ページをご覧ください

否定文 ➡ I **do not** play baseball.
　　　　私は　野球を　　**しない**

Point!
三単現の文の否定には「does not」を挿入し動詞を原形に

「He likes cats.（彼はネコが好きです）」を否定文にするには、先ほどと同様、動詞の前に「do not」を入れます。しかし、「do」は動詞についている三人称単数現在のsを吸いとるため does となり、動詞はdoにsを吸いとられたため原形になります。すなわち、否定文は「He does not like cats.（彼はネコが好きではない）」となります。

	主語	動詞	目的語
肯定文 ➡	He	likes	cats.

三人称単数現在なので動詞の原形に「s」がついている

否定文 ➡	He	do not like s	cats.

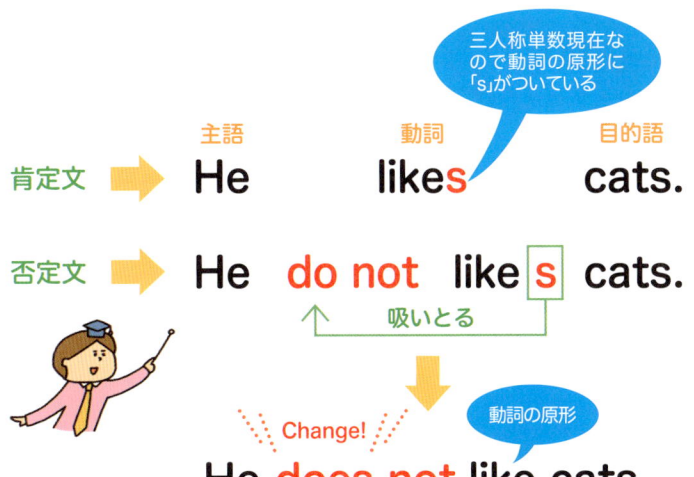

吸いとる

Change! 動詞の原形

He does not like cats.

Check!
過去形の文の否定には「did not」を挿入し動詞を原形に

「I cleaned her room.（私は彼女の部屋を掃除した）」を否定文にするには、現在形と同じように動詞の前に「do not」を入れます。しかし「do」は動詞についている過去形の「ed」を吸いとるためdidになり、動詞はdoにedを吸いとられたので原形になります。

すなわち、否定文は「I did not clean her room.（私は彼女の部屋を掃除しなかった）」となります。

過去形の「ed」がついている

	主語	動詞	目的語
肯定文 ➡	I	cleaned	her room.
否定文 ➡	I	do not clean ed	her room.

吸いとる

Change! 動詞の原形

I did not clean her room.

否定文（一般動詞）

LESSON 48　否定文（助動詞）

彼は日本語を話すことができない
He cannot speak Japanese.

Point!
助動詞の否定文は助動詞の後にnotを入れる

　「He can speak Japanese.（彼は日本語を話すことができる）」を否定文にしてみましょう。

　助動詞がある文を否定文にするには、助動詞の「後」にnotを入れます。

　なおcanは、can notとせず、cannotにします。cannotには「can't」という短縮形があります（⇒143ページ）。

肯定文 ➡
　　　　主語　　助動詞＋動詞　　　目的語
　　　　He　can speak　Japanese.
　　　　主語　　目的語　　動詞　　助動詞
　　　　彼は　日本語を　話す　ことができる

（can notはふつう使わない。くっつけてcannotにする）

否定文 ➡
　　　　He cannot speak Japanese.
　　　　彼は　日本語を　話す　ことができない

注意の必要なさまざまな形の助動詞の否定文

　be able to～（～することができる）、have to～（～しなければならない）、had better～（～したほうがいい）の否定文を見ていきましょう。

● be able to ～

肯定文 ➡ **I** am able to play the piano.
　　　　主語　助動詞　　　動詞　　目的語
　　　　私はピアノを弾くことができる

> be動詞の後にnotを入れる。
> be動詞の否定文と同じ

否定文 ➡ **I** am **not** able to play the piano.
　　　　私はピアノを弾くことができ**ない**

● have to ～

肯定文 ➡ **I** have to get up early.
　　　　主語　助動詞　　動詞
　　　　私は早く起きなければならない

> haveの前にdo notを入れる。
> 一般動詞の否定文と同じ

否定文 ➡ **I** **do not** have to get up early.
　　　　私は早く起きる必要は**ない**

● had better ～

肯定文 ➡ You had better leave the room.
　　　　主語　　助動詞　　動詞　　目的語
　　　　部屋を出たほうがよい

> 助動詞の後にnotを入れる。左のページと同じ

否定文 ➡ You had better **not** leave the room.
　　　　部屋を出**ない**ほうがよい

Check!
mustは肯定文と否定文で意味が異なる

mustの意味は「〜しなければならない（義務・必要）」ですが、must notと否定形にすると「〜してはいけない（禁止）」になります。

例
You must go there.（そこに行かなければならない）：義務・必要
You must **not** go there.（そこに行ってはいけない）：禁止

否定文（助動詞）

111

LESSON 49 否定文（現在完了形）

私はまだ仕事を終えていない
I have not finished the work yet.

Point!
現在完了形の否定文はhaveの後にnotを入れる

現在完了形の「I have finished the work.（私は仕事を終えたところだ）」のような文を否定文にするには、haveの「後」にnotを入れます（短縮形はhaven't ⇒ 143ページ）。すなわち、否定文は「I have not finished the work.（私は仕事を終えていない）」となります。

ちなみに、現在完了形を否定文にする場合と、一般動詞haveのある文を否定文にする場合は否定文の作り方が違うので、気をつけましょう。

have ＋過去分詞

肯定文
（現在完了形）　➡　I have finished the work.

否定文
（現在完了形）　➡　I have **not** finished the work.

現在完了のhave

否定文
（一般動詞）　➡　I **do not** have a guitar.

一般動詞のhave
（持っている）

「私はギターを持っていない」

なお、現在完了形でよく使われるyetは否定文では「まだ」という意味で、文末に置きます。上記の例文にyetを使うと「I have not finished the work yet.（私はまだ仕事を終えていない）」となります。

112

Check!
主語が三人称単数の場合も、hasの後にnotを入れる

「He has finished his homework.(彼は宿題を終えたところだ)」を否定文にしてみましょう。

主語が三人称単数でhaveがhasになっていますが、作り方は先ほどと同じで、hasの後にnotを入れます（短縮形はhasn't ⇒ 143ページ）。

これで、否定文「He has not finished his homework.（彼は宿題を終えていない）」になります。

neverをhaveの後に置くと否定になる

「I have climbed Mt. Fuji.(私は富士山に登ったことがある)」に「never（一度も〜ない）」を使うと、「I have never climbed Mt. Fuji.（私は富士山に一度も登ったことがない）」と否定の意味になります。

neverはhaveの後に置き、現在完了形（経験）に使います。

have＋過去分詞

I have climbed Mt. Fuji.
私は富士山に登ったことがある

⬇

I have never climbed Mt. Fuji.
私は富士山に一度も登ったことがない

練習問題 Question!

次の日本語を英語になおしなさい（1は2通り）。

1　彼女は車を運転することができない
2　私はまだ宿題をやり終えていない
3　私はいつ出発すればいいのか知らなかった

答え：1　She cannot drive a car. ／ She isn't able to drive a car.
2　I haven't done ［finished］ my homework yet.
3　I didn't know when to start.（⇒ 48ページ）

LESSON 50　疑問文（be動詞①）

ケンはあなたの兄弟ですか
はい、そうです／いいえ、違います

Is Ken your brother?
Yes, he is. ／ No, he isn't.

Point!
be動詞を文頭に出して文末に「?」をつけると疑問文

「〜ですか」と問いかける文を疑問文といいます。

では「Ken is your brother.（ケンはあなたの兄弟です）」を疑問文にしてみましょう。

be動詞がある文を疑問文にするには、be動詞を文頭に出し、文末に「?」をつけます。すなわち、「Is Ken your brother?（ケンはあなたの兄弟ですか）」となります。

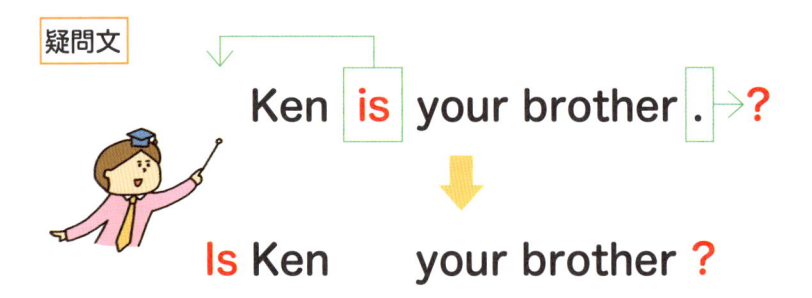

疑問文

Ken **is** your brother . →?

⬇

Is Ken　　your brother **?**

疑問文に対する答えはどこを省略するか知っておく

「ケンはあなたの兄弟ですか」と問われた場合、省略せずに答えると「はい、ケンは私の兄弟です」もしくは「いいえ、ケンは私の兄弟ではありません」となります。疑問文に答えることに慣れるまでは、これらの日本語を英語にしてから、不要な部分を削るといいでしょう。

答えは「Yes,（はい、）」「No,（いいえ、）」からはじめます。

Yesの場合

主語　補語
はい、ケンは　私の兄弟　です

> your（あなたの）と聞かれたので、my（私の）となる

→ 英語になおす

Yes, Ken is my brother.

→ 不要な箇所を消す

Yes, ~~Ken~~ is ~~my brother~~.
　　he

> Kenは一度出てきているので、he（彼は）を使う

> be動詞は残す

> 疑問文にあり、言わなくてもわかるので削除

Noの場合

主語　補語
いいえ、ケンは　私の兄弟　ではありません

> isn'tは、is notの短縮形（⇒143ページ）

→ 英語になおす

No, Ken isn't my brother.

→ 不要な箇所を消す

No, ~~Ken~~ isn't ~~my brother~~.
　　he

> Kenは一度出てきているので、he（彼は）を使う

> be動詞とnotは残す

> 疑問文にあり、言わなくてもわかるので削除

　よって、「Yes, he is.（はい、そうです）」「No, he isn't.（いいえ、違います）」となります。be動詞がある疑問文に答えるときは「Yes, 主語＋be動詞.」「No, 主語＋be動詞＋not.」になる、と覚えましょう。

LESSON 51　疑問文（be動詞②）

彼は彼女の部屋にいましたか
はい、いました／いいえ、いませんでした

Was he in her room?
Yes, he was. ／ No, he wasn't.

Point!
be動詞の過去形も文頭にbe動詞、文末に「?」で疑問文

「He was in her room.（彼は彼女の部屋にいました）」を疑問文にしてみましょう。

　be動詞が過去形になっていても、114ページと同じです。be動詞を文頭に出し、文末に「?」をつけると疑問文になります。つまり「Was he in her room?（彼は彼女の部屋にいましたか）」となります。

be動詞の過去形の疑問文に対する答えも省略するところは同じ

　疑問文に答える方法は、115ページと同じです。まずは、省略していない日本語を英語になおし、不要な部分を削ると感覚がつかめます。

Yesの場合　Yes, he was in her room.

- be動詞は残す
- 不要な箇所を消す
- 疑問文にあり、言わなくてもわかるので削除

Yes, he was ~~in her room~~.

Noの場合　No, he wasn't in her room.

- wasn'tは、was notの短縮形（⇒143ページ）
- be動詞とnotは残す
- 不要な箇所を消す
- 疑問文にあり、言わなくてもわかるので削除

No, he wasn't ~~in her room~~.

これで「Yes, he was.（はい、いました）」「No, he wasn't.（いいえ、いませんでした）」となります。

現在進行形の疑問文もbe動詞を文頭に出し文末に「?」

「She is making sandwiches.（彼女はサンドイッチを作っている）」の疑問文、答え方も同じです。

ほかにも、受動態などbe動詞がある文は、同様にして疑問文にします。

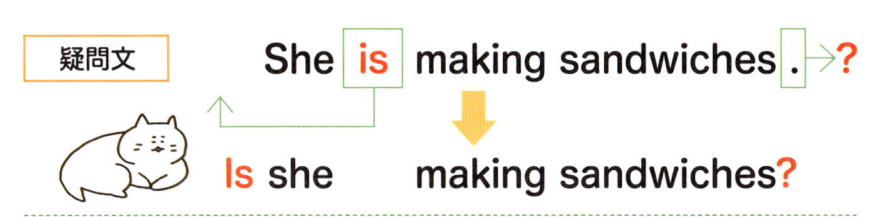

疑問文　She is making sandwiches. → ?

Is she making sandwiches?

Yesの場合　Yes, she is making sandwiches.

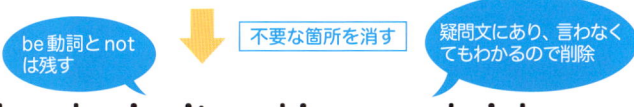

be動詞は残す　不要な箇所を消す　疑問文にあり、言わなくてもわかるので削除

Yes, she is ~~making sandwiches~~.

Noの場合　No, she isn't making sandwiches.

be動詞とnotは残す　不要な箇所を消す　疑問文にあり、言わなくてもわかるので削除

No, she isn't ~~making sandwiches~~.

練習問題 Question!

次の日本語を英語になおしなさい。

1　あなたの父親は家にいますか。はい、います。いいえ、いません
2　彼は泳いでいますか。はい、泳いでいます。いいえ、泳いでいません

答え：1　Is your father at home? Yes, he is. No, he isn't.
　　　2　Is he swimming? Yes, he is. No, he isn't.

LESSON 52 疑問文（一般動詞）

彼は学校に行きましたか
はい、行きました／いいえ、行きませんでした

Did he go to school?
Yes, he did. ／ No, he did not.

Point!
文頭に「Do」を入れて文末に「?」をつけると疑問文

「You play the piano.（あなたはピアノを弾きます）」を疑問文にしてみましょう。

一般動詞がある文を疑問文にするときは<u>文頭に「Do」</u>を入れ、<u>文末に「?」</u>をつけます。これで、「Do you play the piano?（あなたはピアノを弾きますか）」となります。

疑問文に対する答えはどこを省略するか知っておく

「あなたはピアノを弾きますか」と問われた場合、省略せずに答えると「はい、私はピアノを弾きます」「いいえ、私はピアノを弾きません」となります。疑問文に対する答えは、この日本語を英語になおし、不要なところを削除したものです。

疑問文と重複するので、doで代用

Yes, I p~~lay the piano.~~

⬇ do

don'tは、do not の短縮形（⇒143ページ）

疑問文にあり、言わなくてもわかるので削除

No, I don't p~~lay the piano.~~

118

よって、「Yes, I do.（はい、弾きます）」「No, I don't.（いいえ、弾きません）」となります。疑問文には「Yes, 主語＋do.」「No, 主語＋don't.」と答えると覚えておきましょう。

三人称単数現在と過去形の疑問文も考え方は同じ

「(A) He lives in Tokyo.（彼は東京に住んでいる）」「(B) He lived in Tokyo.（彼は東京に住んでいた）」を同時に疑問文にしてみましょう。

先ほどと同じで、文頭に「Do」を入れ、文末に「？」をつけます。ただ、Doは、動詞についた「s」や「ed」を吸いとるため、DoはDoesやDidになり、動詞は原形になります。というわけで、「(A) Does he live in Tokyo?（彼は東京に住んでいますか）」「(B) Did he live in Tokyo？（彼は東京に住んでいましたか）」となります。

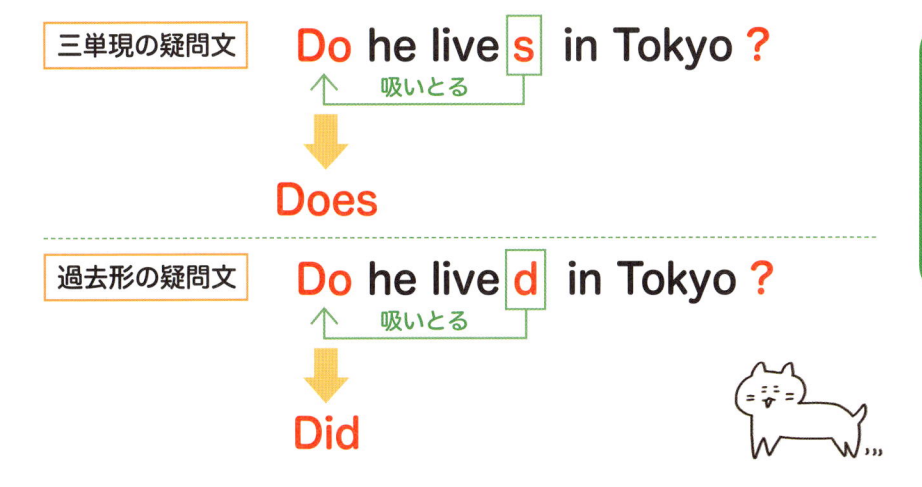

> 三単現の疑問文　Do he live s in Tokyo？
> 　　　　　　　　　↑吸いとる
> 　　　　　　　　　Does
>
> 過去形の疑問文　Do he live d in Tokyo？
> 　　　　　　　　　↑吸いとる
> 　　　　　　　　　Did

疑問文に答える方法として、もう1つ別の考え方を紹介します。

疑問文の答えは「Yes, 主語＋do.」「No, 主語＋don't.」でした。

(A)は主語が「he」で、三人称単数現在なのでdoにsがつき、「Yes, he does.（はい、住んでいます）」「No, he doesn't.（いいえ、住んでいません）」となります。

(B)は過去形なので、doを過去形にして「Yes, he did.（はい、住んでいました）」「No, he didn't.（いいえ、住んでいませんでした）」となります。

疑問文の答え方を覚えていれば、このように簡単に答えられます。

LESSON 53　疑問文（助動詞）

窓を開けてもいいですか
もちろん／いいえ、いけません

May I open the window?
Sure.／No, you may not.

Point!
助動詞を文頭に出し文末に「?」をつけると疑問文

「She can drive a car.（彼女は車を運転することができます）」を疑問文にしてみましょう。

助動詞がある文を疑問文にするときは、助動詞を文頭に持ってきて文末に「?」をつけます。これで、「Can she drive a car?（彼女は車を運転することができますか）」となります。

疑問文に対する答えはどこを省略するか知っておく

「彼女は車を運転することができますか」と問われた場合、省略せずに答えると「はい、彼女は車を運転することができます」「いいえ、彼女は車を運転することができません」となります。

疑問文に対する答えは、この日本語を英語になおし、不要なところを削除したものです。

Yes, she **can** ~~drive a car~~.

（助動詞、助動詞＋notは残しておく）
（疑問文にあり、言わなくてもわかるので削除）

No, she **can't** ~~drive a car~~.

（can'tはcannotの短縮形（⇒143ページ））

よって、「Yes, she can.（はい、できます）」「No, she can't.（いいえ、できません）」になります。助動詞がある疑問文への答え方は「Yes, 主語＋助動詞.」「No, 主語＋助動詞＋not.」と覚えておきましょう。

Check!
mayの疑問文と答え方

「may（〜してもよい）」の疑問文は「May＋主語〜?（〜してもいいですか）」となります。

さて、疑問文「May I open the window?（窓を開けてもいいですか）」への答えはどうなるでしょう。

助動詞がある疑問文の答えは「Yes, 主語＋助動詞.」「No, 主語＋助動詞＋not.」でした。したがって、「Yes, you may.（はい、いいですよ）」「No, you may not.（いいえ、いけません）」となります。

Yes, 主語＋助動詞.
⬇　⬇
you　may

「（私は）窓を開けてもいいですか」と問われているので、主語はyou（あなた）

助動詞はmayが使われているので、mayになる

No, 主語＋助動詞＋not.
⬇　⬇
you　may

答え方は、ほかにもいくつかあります。覚えておきましょう。

●Yesの場合	「Certainly yes.」「Sure.」など
●Noの場合	「I'm sorry, but you can't.」「No, you must not.」など

練習問題 Question!

次の日本語を英語になおしなさい。

1　あなたのペンを使ってもいいですか。もちろん。いいえ、いけません

答え：1　May I use your pen?　Sure.　No, you may not.

LESSON 54 疑問文（現在完了形）

もう仕事を終えたのですか
はい、終えました／いいえ、終えていません

Have you finished the work yet?
Yes, I have. ／ No, I haven't.

Point!

haveを文頭に出し文末に「?」をつけると疑問文

「He has lost his watch.（彼は時計をなくしてしまった）」を疑問文にしてみましょう。

現在完了形の文を疑問文にするには、have［has］を文頭に持ってきて文末に「?」をつけます。これで、「Has he lost his watch?（彼は時計をなくしてしまったのですか）」となります。

疑問文に対する答えはどこを省略するか知っておく

「彼は時計をなくしてしまったのですか」と問われた場合、省略せずに答えると「はい、彼は時計をなくしてしまいました」「いいえ、彼は時計をなくしてしまっていません」になります。

疑問文に対しては、この日本語を英語になおし、不要なところを削除して答えます。

Yes, he has ~~lost his wacth~~.

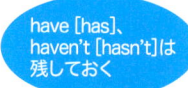

- have［has］、haven't［hasn't］は残しておく
- 疑問文にあり、言わなくてもわかるので削除

No, he hasn't ~~lost his wacth~~.

よって、「Yes, he has.（はい、なくしてしまいました）」「No, he hasn't.（いいえ、なくしてしまっていません）」となります。現在完了形の疑問文への答え方は「Yes, 主語＋have（もしくはhas）.」「No, 主語＋haven't（もしくはhasn't）.」と覚えておきましょう。

yetは疑問文で「もう」、everは疑問文で「今までに」

yetが疑問文で用いられると「もう」の意味になります（否定文で用いられると「まだ」の意味 ⇒112ページ）。yetは文末に置きます。

everは疑問文で使われ「今までに」「かつて」の意味になります。everは、haveと過去分詞の間に置きます。

例 Have you finished the work yet?（もう仕事を終えたのですか）
cf. I haven't finished the work yet.（私はまだ仕事を終えていません）

例 Have you ever been to Paris?
（あなたは今までにパリへ行ったことがありますか）

練習問題 Question!

次の日本語を英語になおしなさい。

1　彼は忙しいのですか。はい、そうです。いいえ、違います
2　あなたは去年、東京にいましたか
　　はい、いました。いいえ、いませんでした
3　彼らは本を読んでいたのですか。はい、そうです。いいえ、違います
4　彼女は彼に好かれているのですか
　　はい、そうです。いいえ、違います
5　彼は6時に起きるのですか。はい、そうです。いいえ、違います
6　あなたはカバンを買いたかったのですか
　　はい、そうです。いいえ、違います
7　窓を閉めてもいいですか。はい、いいです。いいえ、いけません

答え：1　Is he busy? Yes, he is. No, he isn't.
　　　2　Were you in Tokyo last year? Yes, I was. No, I wasn't.
　　　3　Were they reading books? Yes, they were. No, they weren't.
　　　4　Is she liked by him? Yes, she is. No, she isn't.
　　　5　Does he get up at six? Yes, he does. No, he doesn't.
　　　6　Did you want to buy a bag? Yes, I did. No, I didn't.
　　　7　May I close the window? Yes, you may. No, you may not.

LESSON 55　命令文

ケン、彼女の部屋を掃除しなさい
Clean her room, Ken.

Point!
命令文は主語をとって動詞を原形にする

「〜しなさい」と命令する文を「命令文」といいます。

では、「You open the door.（あなたはドアを開ける）」を命令文にしてみましょう。

命令文にするには、主語をとって動詞を原形にします。これで、「Open the door.（ドアを開けなさい）」となります。

```
主語    動詞      目的語
You   open   the door.
      ↓ すでに原形
      Open   the door.
```

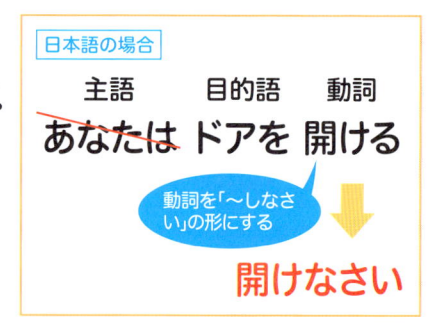

```
日本語の場合
主語      目的語    動詞
あなたは  ドアを    開ける
                    ↓ 動詞を「〜しなさい」の形にする
                    開けなさい
```

be 動詞の原形は be

「You are quiet.（あなたは静かです）」を命令文にしてみましょう。

命令文にするには、主語をとって動詞を原形にします。be動詞の原形がbeだと知っていれば、「Be quiet.（静かにしなさい）」となることがわかります。

Check!
呼びかけは「名前,」もしくは「, 名前」

「ケン、彼女の部屋を掃除しなさい」の「ケン、」のように、呼びかけは命令文の文頭に「名前,」をつけるか、文末に「, 名前」をつけます。なお「名前,」の際は、「呼びかけ」と「主語」を混同しないよう注意しましょう。

Clean her room , Ken .
（呼びかけ「, 名前」）

（呼びかけ「名前,」）
Ken, **clean** her room.
（三人称単数現在のsはつかない）
ケン、彼女の部屋を掃除しなさい

普通の文の場合
主語　動詞　目的語
Ken clean**s** her room.
（三人称単数現在のs）
ケンは彼女の部屋を掃除する
（命令文は動詞の原形を使うことに注意しましょう）

「〜してはいけません」は命令文の文頭に「Don't」をつける

「〜してはいけません」は、命令文の文頭に「Don't」をつけます。be動詞ではじまる命令文にも、「Don't」をそのままつけます。

例
Don't run in this room.（この部屋で走ってはいけません）
Don't be late.（遅れてはいけません）

練習問題 Question!

次の日本語を英語になおしなさい。

1　うるさくしてはいけません　　（ヒント…うるさい：noisy）
2　マサ、この公園で野球をしてはいけません

答え：1 Don't be noisy.　2 Masa, don't play baseball in this park.

命令文

LESSON 56　相手を誘う表現

音楽を聴きましょう
Let's listen to music.

Point!
「〜しましょう」は「Let's ＋ 動詞の原形〜」

相手を誘う表現「〜しましょう」は「Let's ＋ 動詞の原形〜」で表します。命令文の文頭に「Let's」をつけると「〜しましょう」になる、と考えましょう。なお、文末に「, shall we?」をつけると、すこし丁寧な表現になります。

「音楽を聴きましょう」と言いたい

命令文を作る ⬇

命令文　**Listen to music.**
音楽を聴きなさい

（命令文は124ページで学習しました）

文頭に「Let's」をつける ⬇

Let's〜.　**Let's listen to music.**
音楽を聴きましょう

（すこし丁寧な表現）

Let's listen to music, shall we?
音楽を聴きませんか

こう問われたら「Yes, let's.（はい、そうしましょう）」「No, let's not.（いいえ、よしましょう）」のように答えます。

Check!

「(私たちは)〜しましょうか」は「Shall we〜?」

「〜しましょうか」は「Shall we 〜?」で表します。

命令文の文頭に「Shall we」、文末に「?」を置けば、「〜しましょうか」になります。

「放課後、テニスをしましょうか」と言いたい

⬇ 命令文を作る

命令文　Play tennis after school.
放課後、テニスをしなさい

⬇ 文頭に「Shall we」、文末に「?」をつける

Shall we〜?　Shall we play tennis after school?
放課後、テニスをしましょうか

こう問われたら「Yes, let's. (はい、そうしましょう)」「No, let's not. (いいえ、よしましょう)」のように答えます。

「(私は)〜しましょうか」は「Shall I〜?」

自ら「〜しましょうか」と申し出るときは「Shall I〜?」を使います。

例　Shall I take a picture? (写真を撮りましょうか)
Yes, please. (はい、お願いします)／No, thank you. (いいえ、結構です)

練習問題 Question!

次の日本語を英語になおしなさい。

1　窓を閉めましょうか。はい、お願いします。いいえ、結構です
2　公園でサッカーをしましょうか
　　はい、そうしましょう。いいえ、よしましょう

答え：1　Shall I close the window? Yes, please. No, thank you.
　　　2　Shall we play soccer in the park? Yes, let's. No, let's not.

LESSON 57　There is ○・There are ○

私のカバンには本が２冊あった
There were two books in my bag.

Point!

「There is ○.」「There are ○.」で「○がある、○がいる」

「There is ○（単数形）.」「There are ○（複数形）.」で「○がある、○がいる」となります。

○が単数のときは「is」
apple（リンゴ）が1個

There is (an apple) on the table.
　リンゴ　がある　　　　　　テーブルに

○が複数のときは「are」
apple（リンゴ）が複数

There are (two apples) on the table.
　リンゴ　が2個ある　　　　　テーブルに

過去の事柄のときは、be動詞を過去形にする

「There was ○（単数形）.」「There were ○（複数形）.」で「○があった、○がいた」となります。

○が複数のときはareの過去形の「were」
ball（ボール）が複数

There were (three balls) in the box.
　ボール　が3個あった　　　　　箱の中に

Check!

否定文はbe動詞の後にnotを入れる

「There is not ○（単数形）.」「There are not ○（複数形）.」で「○がない、○がいない」となります。

be動詞
There is **not** (a cat) under the desk.
　　　　　　　　(ネコ) がいない　　　　机の下に

疑問文はbe動詞を文頭に出し、文末に「?」

「Is there ○（単数形）?」「Are there ○（複数形）?」で「○はありますか、○はいますか」となります。

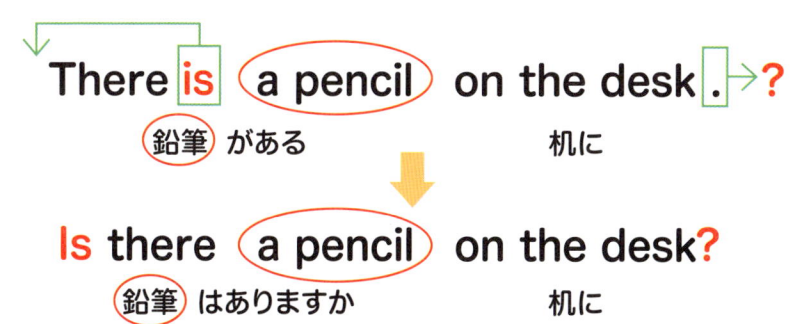

There **is** (a pencil) on the desk**.**→?
(鉛筆) がある　　　　　　　机に

Is there (a pencil) on the desk**?**
(鉛筆) はありますか　　　　机に

この疑問文への答え方は○が、単数なら「Yes, there is.（はい、あります）」「No, there isn't.（いいえ、ありません）」、複数なら「Yes, there are.（はい、あります）」「No, there aren't.（いいえ、ありません）」となります。

練習問題 Question!

次の日本語を英語になおしなさい。

1　テーブルにカップが2つある
2　公園に3人の少年がいた

答え：1 There are two cups on the table.　2 There were three boys in the park.

LESSON 58 疑問詞①

あなたは何を買いましたか。本を買いました
What did you buy? I bought a book.

Point!
「what」が「目的語」になる場合の疑問文

「what（何）」「who（誰）」「whose（誰の）」「which（どちら）」「where（どこ）」「when（いつ）」「why（なぜ）」「how（どのように）」を疑問詞といいます。覚えておきましょう。

では、「あなたは何を買いましたか」を英語になおしてみましょう。

この文の「何」のように、日本文に疑問詞にあたる語がある場合、まずはそれを「■」に置き換え、英語になおします。次に、■を文頭に持ってきて疑問詞に戻します。

すると、疑問詞を使った疑問文「What did you buy?」になります。

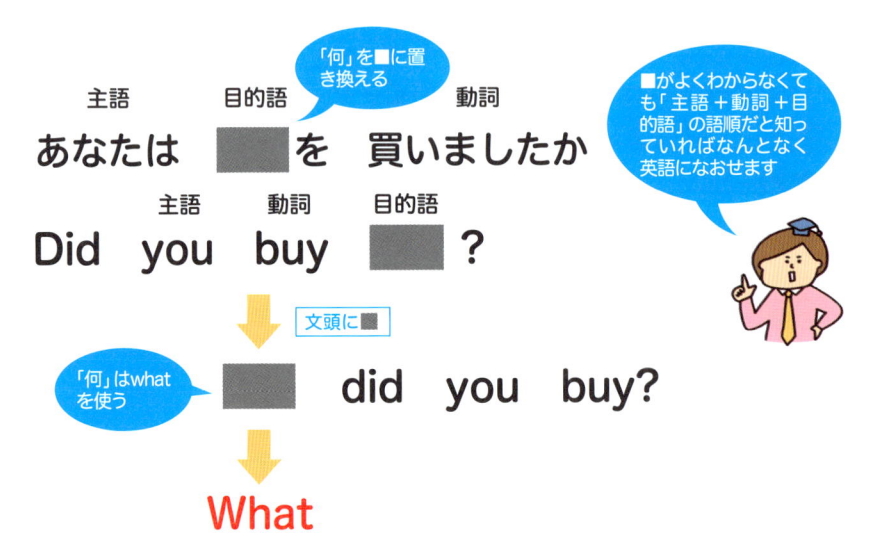

```
  主語      目的語         動詞
あなたは    ■を        買いましたか

  主語   動詞   目的語
Did   you   buy   ■ ?
              ↓  文頭に■
          ■   did  you  buy?
              ↓
         What
```

「何」を■に置き換える

■がよくわからなくても「主語＋動詞＋目的語」の語順だと知っていればなんとなく英語になおせます

「何」はwhatを使う

なお、疑問詞があるこのような疑問文には、「Yes」「No」では答えられないので、「I bought a book.（本を買いました）」のように答えます。

Point!
「which＋名詞」が「目的語」になる場合の疑問文

「あなたはどちらのペンを使いますか」を英語になおしてみましょう。

やり方は先ほどと同じです。疑問詞の「どちら」を■に置き換え、英語になおします。その後、■を文頭に持ってきて、疑問詞に戻します。ただ、このときは目的語の「■＋名詞」ごと文頭に持ってこなくてはなりません。

これで「Which pen do you use?」となります。

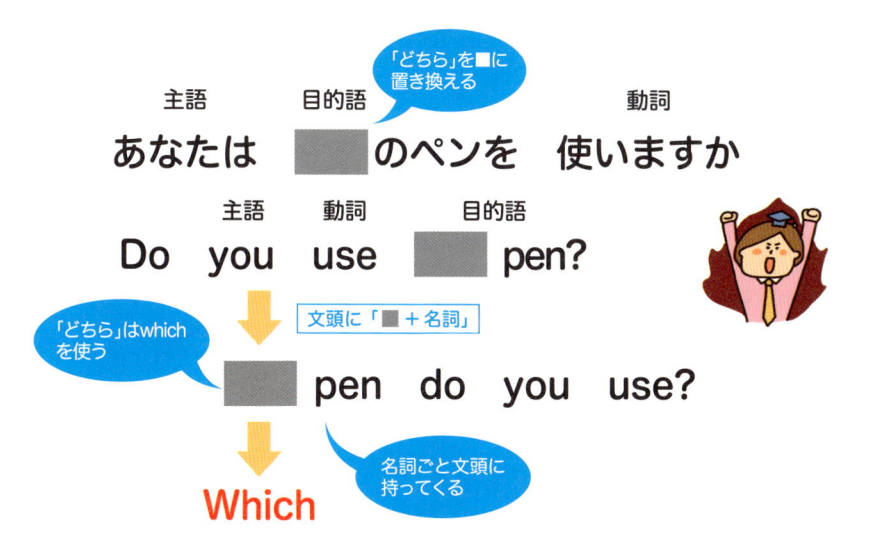

主語	目的語	動詞
あなたは	■のペンを	使いますか

「どちら」を■に置き換える

主語	動詞	目的語
Do	you use	■ pen?

↓ 文頭に「■＋名詞」

■ pen do you use?

「どちら」はwhichを使う

↓ 名詞ごと文頭に持ってくる

Which

なお、この疑問文には「I use this one.（こちらを使います）」のように答えます（one ⇒ 37ページ）。

練習問題 Question!

次の日本語を英語になおしなさい。

1 あなたは何が欲しいのですか
2 あなたはどの本が欲しいのですか

答え：1 What do you want?　2 Which book do you want?

LESSON 59　疑問詞❷

あの少年は誰ですか。彼はマサです
Who is that boy? He is Masa.

Point!
「who」が「補語」になる場合の疑問文

「あの少年は誰ですか」を英語になおしてみましょう。

やり方は130ページと同じです。疑問詞の「誰」を■に置き換えて英語になおします。その後、■を文頭に持ってきて、疑問詞に戻します。

これで「Who is that boy?」になります。

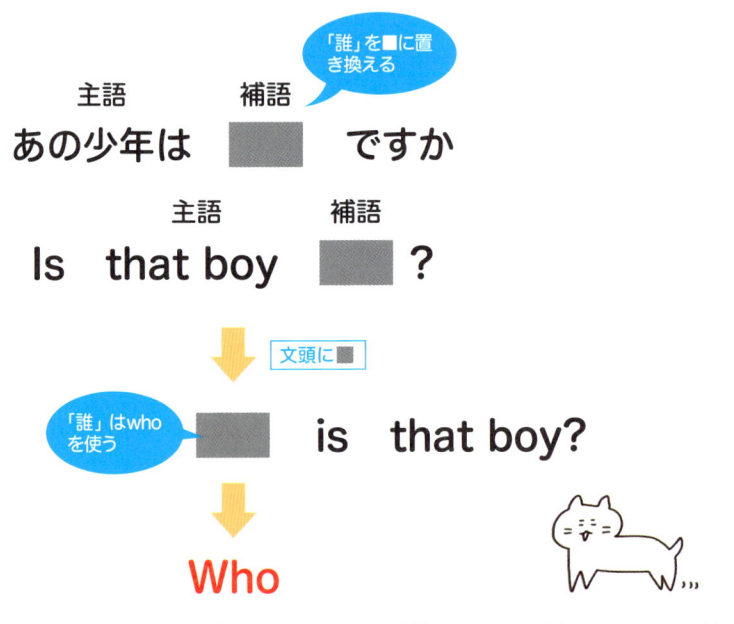

```
    主語      補語         「誰」を■に置
                           き換える
  あの少年は  ■   ですか

     主語     補語
   Is  that boy  ■  ?

              文頭に■

 「誰」はwho
 を使う   ■   is  that boy?


         Who
```

なお、この疑問文には「He is Masa.（彼はマサです）」のように答えます。

132

Point!
「what」が「補語」になる場合の疑問文

「これは何ですか」を英語になおしてみましょう。

やり方は130ページと同じです。疑問詞の「何」を■に置き換えて英語になおします。その後、■を文頭に持ってきて、疑問詞に戻します。

これで「What is this?」になります。

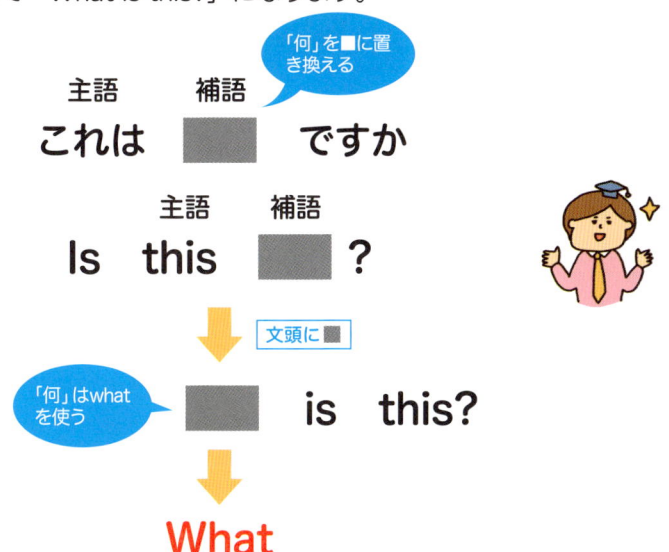

主語　補語
これは　■　ですか

「何」を■に置き換える

主語　補語
Is　this　■　?

文頭に■

「何」はwhatを使う
■　is　this?

↓

What

なお、この疑問文には「It's a book.（本です）」のように答えます。

練習問題 Question!

次の日本語を英語になおしなさい。

1　彼は誰ですか
2　これは誰のバイクですか　　（ヒント…バイク：bike）
3　彼女は昨日何を勉強したのですか
4　これらは誰の本ですか　　（ヒント…これら：these）
5　彼は手に何を持っていますか　　（ヒント…手に：in his hand）

答え：1 Who is he?　2 Whose bike is this?　3 What did she study yesterday?
4 Whose books are these?　5 What does he have in his hand?

LESSON 60　疑問詞❸

誰がこのサラダを作りましたか。ジュンコです
Who made this salad? Junko did.

Point!
「who」が「主語」になる場合の疑問文

「誰がこのサラダを作りましたか」を英語になおしてみましょう。

疑問詞の「誰」を■に置き換え、英語になおします。ただ、■が主語の位置にくるときは、とりあえず疑問文にはせず、肯定文の形にします。その後、文末に「？」をつけます。このように、疑問詞が主語の位置にあるときは、方法が今までとはすこし違うので注意が必要です。

こうして、「Who made this salad?」となります。

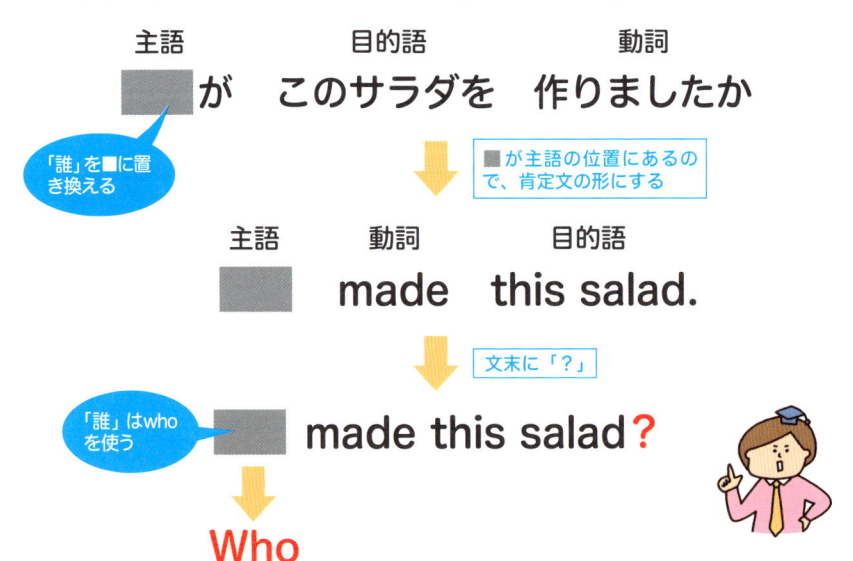

主語	目的語	動詞
■が	このサラダを	作りましたか

「誰」を■に置き換える

↓ ■が主語の位置にあるので、肯定文の形にする

主語	動詞	目的語
■	made	this salad.

↓ 文末に「？」

「誰」はwhoを使う　■ made this salad**?**

↓

Who

なお、この疑問文には「Junko did.（ジュンコです）」のように答えます。

Junko did.
ジュンコです

> madeの繰り返しを避けるためdidを使う

Point!
「which」が「主語」になる場合の疑問文

「どれがマキのものですか」を英語になおしてみましょう。

やり方は先ほどと同じです。疑問詞の「どれ」を■に置き換えて英語になおします。■が主語の位置にあるので、まずは肯定文の形にします。その後、文末に「？」をつけます。

これで、「Which is Maki's?」となります。

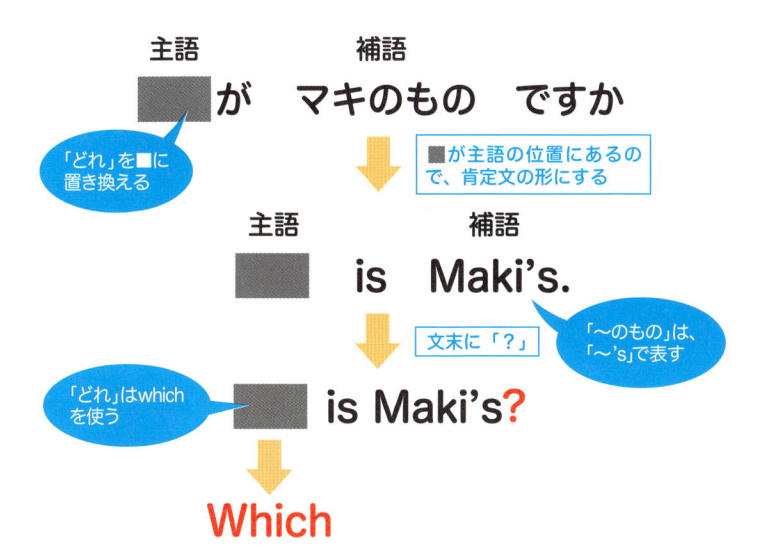

```
       主語        補語
        ■    が  マキのもの  ですか
```
「どれ」を■に置き換える
■が主語の位置にあるので、肯定文の形にする

```
       主語        補語
        ■       is   Maki's.
```
文末に「？」
「〜のもの」は、「〜's」で表す

```
        ■       is   Maki's?
```
「どれ」はwhichを使う

→ **Which**

なお、この疑問文には「This is hers.（これが彼女のものです）」のように答えます。

練習問題 Question!

次の日本語を英語になおしなさい。

1　誰がそこに行ったのですか

答え：1　Who went there?

LESSON 61　疑問詞❹

あなたはいつロンドンを訪れたのですか 去年です

When did you visit London?
I visited there last year.

Point!
疑問詞「when」の場合の疑問文

「あなたはいつロンドンを訪れたのですか」を英語になおしてみましょう。
まずは、疑問詞の「いつ」を■に置き換えて英語になおします。なお、■は文になくても成り立つので、ひとまず文末に置いておきます。その後、■を文頭に持っていきます。

これで、「When did you visit London?」となります。

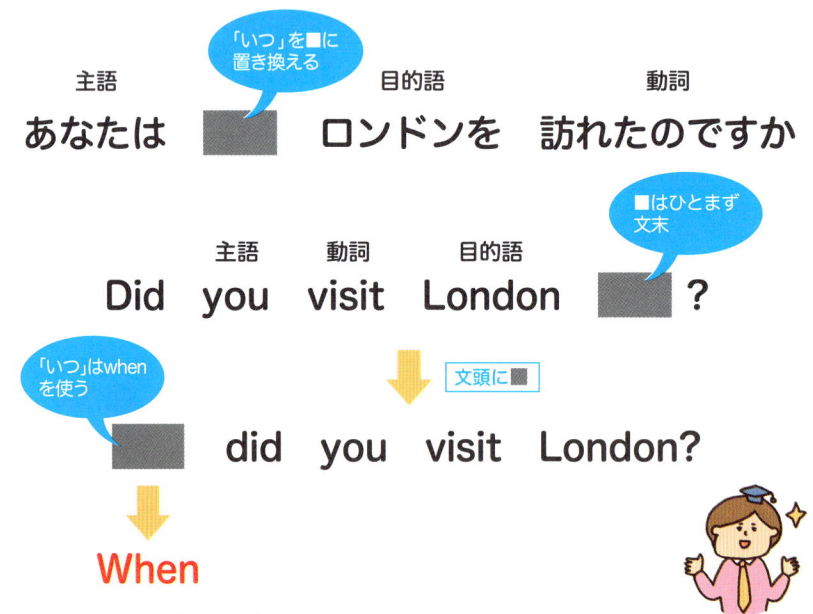

主語	「いつ」を■に置き換える	目的語	動詞
あなたは	■	ロンドンを	訪れたのですか

	主語	動詞	目的語	■はひとまず文末
Did	you	visit	London	■ ?

「いつ」はwhenを使う　　　　文頭に■

■　did　you　visit　London?

↓

When

なお、この疑問文には次のように答えます。

136

I visited **there** last year.
去年です

> Londonの繰り返しを避けてthereを使う

Point!
疑問詞「why」の場合の疑問文

つぎに「あなたはなぜそこに行くのですか」を英語になおしてみましょう。

まずは、疑問詞の「なぜ」を■に置き換えて英語になおします。■は、ひとまず文末に置いておき、その後、文頭に持っていきます。

これで、「Why do you go there?」となります。

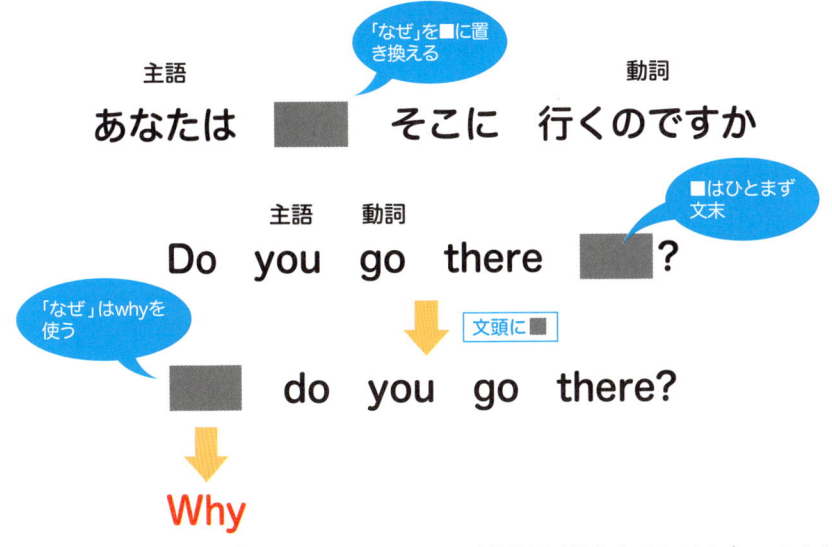

主語　　　　　　　　　　動詞
あなたは　　■　　そこに　行くのですか

> 「なぜ」を■に置き換える

主語　動詞
Do　you　go　there　■　?

> ■はひとまず文末

> 文頭に■

> 「なぜ」はwhyを使う

■　do　you　go　there?

↓

Why

この疑問文には、「To study English.（英語を勉強するために）」のように「to～（～するために）」を使って答えるといいでしょう。

練習問題 Question!

次の日本語を英語になおしなさい。

1　あなたはなぜ彼女を知っているのですか　　（ヒント…知っている：know）
2　あなたはいつ起きたのですか　　（ヒント…起きる：get up）

答え：1 Why do you know her?　2 When did you get up?

復習テスト ❸

Q1.
He knows how to ski.

1. 英文を日本語になおしなさい。
2. 英文を否定文「〜しません」にしなさい。
3. 英文を疑問文「〜しますか」にして「いいえ」で答えなさい。

Q2.
When I got up, he was studying.

1. 英文を日本語になおしなさい。
2. 英文を否定文「〜していませんでした」にしなさい。

Q3.
He entered the shop.

1. 英文を日本語になおしなさい。
2. 英文に「9時に」を挿入しなさい。

Q4.
I thought that he was not kind.

1. 英文を日本語になおしなさい。

Q5.
He was in the library.

1. 英文を疑問文「〜でしたか」にして「いいえ」で答えなさい。

Q6.
He has lived in Tokyo for a long time.

1. 英文を否定文「〜していません」にしなさい。
2. 英文を疑問文「〜していますか」にして「いいえ」で答えなさい。

解答

Q1.
① 彼はスキーのやり方を知っている。 → 48 ページ
② He doesn't know how to ski. → 108 ページ
(彼はスキーのやり方を知らない)
③ Does he know how to ski? No, he doesn't.
(彼はスキーのやり方を知っていますか。いいえ、知りません)
→ 118 ページ

Q2.
① 私が起きたとき、彼は勉強していた。 → 103 ページ
② When I got up, he was not [wasn't] studying.
(私が起きたとき、彼は勉強していなかった) → 107 ページ

Q3.
① 彼はその店に入った。 → 95 ページ
② He entered the shop at nine [nine o'clock].
→ 91 ページ

Q4.
① 私は彼は親切ではないと思った。 → 104 ページ

Q5.
① Was he in the library? No, he wasn't. → 116 ページ
(彼は図書館にいましたか。いいえ、いませんでした)

Q6.
① He has not [hasn't] lived in Tokyo for a long time.
(彼は長い間東京には住んでいない) → 113 ページ
② Has he lived in Tokyo for a long time? No, he hasn't.
(彼は長い間東京に住んでいるのですか。いいえ、住んでいません)
→ 122 ページ

動詞の三人称単数現在形

原形	ルール	例
基本	➡ sをつける	play → plays
語尾が「子音字 + o、s、x、ch、sh」	➡ 動詞の語尾にesをつける	go → goes teach → teaches
語尾が「子音字 + y」	➡ yをiに変えてesをつける	study → studies
その他	➡ 不規則	have → has

※子音字：a、i、u、e、o以外のアルファベットのこと

動詞のing形

原形	ルール	例
基本	➡ ingをつける	play → playing
語尾が「子音字 + e」	➡ eを消してingをつける	write → writing
語尾が「短母音 + 子音字（1母音字 + 1子音字）」	➡ 子音字を1字重ねてingをつける	stop → stopping

※母音は「短母音」と「長母音」に分けられます。大雑把に説明すると短母音とは「あいうえお」、長母音とは「あー」「えい」のようなものです。

動詞の過去形・過去分詞

原形	ルール	例
基本	➡ edをつける	play → played
語尾がe	➡ dをつける	arrive → arrived
語尾が「子音字 + y」	➡ yをiに変えてedをつける	study → studied
語尾が「短母音 + 子音字（1母音字 + 1子音字）」	➡ 子音字を1字重ねてedをつける	stop → stopped
その他	➡ 不規則	have → had

不規則動詞の原形－過去形－過去分詞

意味	原形	過去形	過去分詞
～です・いる・ある	be	was、were	been
～になる	become	became	become
はじめる	begin	began	begun
(風が)吹く	blow	blew	blown
壊す	break	broke	broken
持ってくる	bring	brought	brought
建てる	build	built	built
買う	buy	bought	bought
捕まえる	catch	caught	caught
来る	come	came	come
切る	cut	cut	cut
する	do	did	done
(絵を)描く	draw	drew	drawn
飲む	drink	drank	drunk
運転する	drive	drove	driven
食べる	eat	ate	eaten
落ちる	fall	fell	fallen
感じる	feel	felt	felt
見つける	find	found	found
飛ぶ	fly	flew	flown
忘れる	forget	forgot	forgotten
得る	get	got	got, gotten
与える	give	gave	given
行く	go	went	gone
成長する	grow	grew	grown
持っている	have	had	had
聞く	hear	heard	heard
保つ	keep	kept	kept
知っている	know	knew	known
出発する	leave	left	left

意味	原形	過去形	過去分詞
貸す	lend	lent	lent
～させる	let	let	let
なくす	lose	lost	lost
作る・する	make	made	made
会う	meet	met	met
置く	put	put	put
読む	read	read	read
乗る	ride	rode	ridden
上がる	rise	rose	risen
走る	run	ran	run
言う	say	said	said
見る・会う	see	saw	seen
売る	sell	sold	sold
送る	send	sent	sent
見せる	show	showed	shown
歌う	sing	sang	sung
座る	sit	sat	sat
眠る	sleep	slept	slept
話す	speak	spoke	spoken
(金などを)使う	spend	spent	spent
立つ	stand	stood	stood
泳ぐ	swim	swam	swum
取る・連れていく	take	took	taken
教える	teach	taught	taught
言う・話す	tell	told	told
思う	think	thought	thought
投げる	throw	threw	thrown
理解する	understand	understood	understood
書く	write	wrote	written

比較級

原形	ルール	例
基本	erをつける	warm → warmer
語尾がe	rをつける	large → larger
語尾が「子音字＋y」	yをiに変えてerをつける	busy → busier
語尾が「短母音＋子音字（1母音字＋1子音字）」	子音字を1字重ねてerをつける	big → bigger
比較的長い形容詞や副詞	moreをつける	beautiful → more beautiful
～lyの副詞	moreをつける	slowly → more slowly
その他	不規則	good → better

最上級

原形	ルール	例
基本	estをつける	warm → warmest
語尾がe	stをつける	large → largest
語尾が「子音字＋y」	yをiに変えてestをつける	busy → busiest
語尾が「短母音＋子音字（1母音字＋1子音字）」	子音字を1字重ねてestをつける	big → biggest
比較的長い形容詞や副詞	mostをつける	beautiful → most beautiful
～lyの副詞	mostをつける	slowly → most slowly
その他	不規則	good → best

名詞の複数形

原形	ルール	例
基本	➡ sをつける	book → books
語尾が「子音字＋o、s、x、ch、sh」	➡ 名詞の語尾にesをつける	box → boxes dish → dishes
語尾が「子音字＋y」	➡ yをiに変えてesをつける	lady → ladies
語尾がf、fe	➡ f、feをvに変えてesをつける	knife → knives
その他	➡ 不規則	child → children

短縮形

基本形	短縮形
do not	don't
does not	doesn't
is not	isn't
are not	aren't
did not	didn't
was not	wasn't
were not	weren't
will not	won't
cannot	can't
must not	mustn't
have not	haven't
has not	hasn't

基本形	短縮形
I am	I'm
You are	You're
He is	He's
She is	She's
It is	It's
We are	We're
They are	They're
I have	I've
I will	I'll

著者

石崎秀穂 いしざき ひでほ

1974年生まれ。神戸大学卒業。「究極のわかりやすさ」の理念のもと、さまざまなジャンルの本の執筆から、ホームページやメルマガを運営。著書に『基本にカエル英語の本』(スリーエーネットワーク)、『もう一度 中学英語』『あなたの文章が〈みるみる〉わかりやすくなる本』(日本実業出版社)、『マンガで学ぶ 小学生英語ドリル』(マガジンハウス)、『1日1分！眺めてわかる英語の本』(あさ出版)などがある。http://www.pugu8.com/profile/

【著者運営サイト】http://www.ekaeru.com/

問題をもっと解きたい本書の読者に、ウェブで練習問題(無料)を公開しています。

> パソコン：http://www.ekaeru.com/takahashi/

ゼロから始める！
大人のための中学英語

著　者　石崎秀穂
発行者　清水美成
編集者　原田幸雄
発行所　株式会社 高橋書店
　　　　〒170-6014 東京都豊島区東池袋3-1-1 サンシャイン60 14階
　　　　電話　03-5957-7103

ISBN978-4-471-27434-4　©ISHIZAKI Hideho　Printed in Japan

定価はカバーに表示してあります。
本書および本書の付属物の内容を許可なく転載することを禁じます。また、本書および付属物の無断複写(コピー、スキャン、デジタル化等)、複製物の譲渡および配信は著作権法上での例外を除き禁止されています。

本書の内容についてのご質問は「書名、質問事項(ページ、内容)、お客様のご連絡先」を明記のうえ、郵送、FAX、ホームページお問い合わせフォームから小社へお送りください。
回答にはお時間をいただく場合がございます。また、電話によるお問い合わせ、本書の内容を超えたご質問にはお答えできませんので、ご了承ください。本書に関する正誤等の情報は、小社ホームページもご参照ください。

【内容についての問い合わせ先】
　書　面　〒170-6014 東京都豊島区東池袋3-1-1 サンシャイン60 14階　高橋書店編集部
　ＦＡＸ　03-5957-7079
　メール　小社ホームページお問い合わせフォームから　(https://www.takahashishoten.co.jp/)

【不良品についての問い合わせ先】
　ページの順序間違い・抜けなど物理的欠陥がございましたら、電話03-5957-7076へお問い合わせください。
　ただし、古書店等で購入・入手された商品の交換には一切応じられません。